教师素养系列

著名语文教育家 于漪 总主编

U0652869

教师信息素养的提升

刘向永／等著

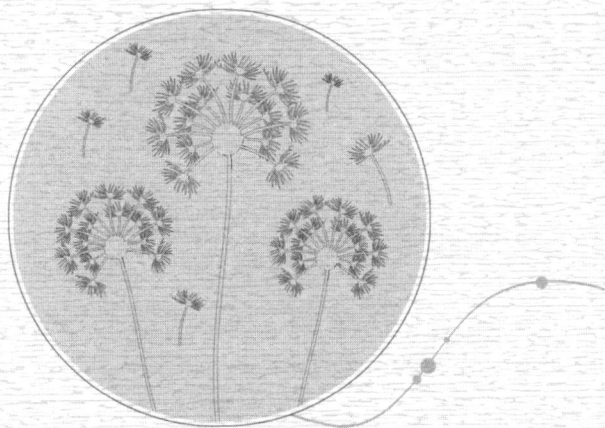

习于智长，优与心成

今天做教师最需要具备的基本素养

JIAOSHI XINXI SUYANG DE TISHENG

东北师范大学出版社
NORTHEAST NORMAL UNIVERSITY PRESS
·长 春·

图书在版编目（CIP）数据

教师信息素养的提升/刘向永等著. —长春：东北
师范大学出版社，2020.7
ISBN 978 - 7 - 5681 - 6990 - 5

Ⅰ. ①教… Ⅱ. ①刘… Ⅲ. ①中小学—教师—
信息素养—师资培养—研究 Ⅳ. ①G635.1

中国版本图书馆 CIP 数据核字（2020）第 127021 号

□责任编辑：薛　源 □封面设计：方　圆

□责任校对：田　野 □责任印制：许　冰

东北师范大学出版社出版发行
长春净月经济开发区金宝街 118 号（邮政编码：130117）
电话：0431—84568105
网址：http：//www.nenup.com
东北师范大学音像出版社制版
辽宁新华印务有限公司印装
沈阳市张士经济技术开发区
中央大街六号路 14 甲－3 号（110021）
2020 年 7 月第 1 版　2020 年 7 月第 2 次印刷
幅面尺寸：169 mm×239 mm　印张：15　字数：209 千

定价：84.00 元

序

　　教师从事的是塑造灵魂、塑造生命、塑造人的工作，其艰巨性与复杂性，难以用语言表述完备。

　　青少年是一个个鲜活的生命，他们的生命基因、家庭情况、情智水平、兴趣爱好、行为习惯等等，各不相同，各具个性，教师要进入他们的世界，了解、熟悉、摸清他们的内在需求，绝非一日之功。而且，他们天天在发展，天天在变化，有的平稳向前，有的起起伏伏，有的突然拐弯转向。教师不把心贴在他们身上，就不能洞悉他们的变化，当然也就谈不上因事而教，助推成长。当今，社会上的价值多元、文化多样，信息工具普及，学生生活在这样的时代大潮中，思想、行为、性格、爱好、追求等，无不打上时代的印记。教书育人工作中的新情况、新问题层出不穷，如何应对，如何破解难题，是每位教师都要面对的。因此，每位教师都须攻坚克难，用勤奋与智慧提升教育质量。为此，教师自己的成长，教师队伍的建设就成为教育的重中之重。

　　教师是培育学生成长、成人、成才的人，首先自己应该是一个堂堂正正、光明磊落、有社会担当的人，以自己高尚的人格、高雅的情操熏陶感染学生，引导他们形成完善的人格和健康的审美情趣，以扎实的科学文化学养激发他们旺盛的求知欲，引领他们打下科学文化基础，并有向科学宝库、文化宝库积极探索的强烈兴趣。故而，古今中外对教师几乎都有共同的要求，那就是：德才兼备。教师要做"谦谦君子""人之榜样"，要"腹有诗书气自华"，有厚实的学术文化功底。然而，在当今时代，还得有新的要求。《国家中长期教育改革和发展规划纲要（2010—2020年）》中关于教师队伍建设的要求是：建设一支师德高尚、业务精湛、结构合理、充满活力的高素质专业化的队伍。显然，"结构合理"是教育行政部门须考虑的，而"充满活力"却是教师须探索并加以落实的。这是时代的要求，在从事教育教学工作中须强化创新意识，发挥创新精神，锤炼实践能力，精神饱满，气宇轩昂，满怀自信去创建优质教育。

直面教育现场，教师加强研修、自觉成长自然就成为应有之义。人的成长是一辈子的事，学历水平不等于岗位水平，因为教育不是一个结果，而是生命展开的过程，永远面向未来。在当前社会急速变化的情势下，要想挑起立德育人的刚性责任，创造教育教学的精彩，教师就须自觉地与学生一起成长。

成长有众多因素，与同行交流是其中有效途径之一。现场倾听交流是一种方法，阅读同行的文字表达也是一种方法。东北师范大学出版社组织撰写的《教师素养系列丛书》就是针对教师素养的几个方面从理论与实践结合的高度进行探讨、交流的，以期心灵感应，取得更多共识。

祝愿教师同行通过阅读交流，有所启迪与借鉴，走向优秀、走向卓越的步伐更扎实，更敏捷。

于　漪

前　言

　　随着信息技术的快速发展，教育正在发生深度的变革。我国高度重视中小学教育信息化工作，提出要"形成与教育现代化发展目标相适应的教育信息化体系，充分发挥信息技术对教育的革命性影响作用"。我国教育已进入教育信息化 2.0 时代，带来了对教师角色转变和技术融合能力的挑战，而信息素养是新时代高素质教师的核心素养。国家高度重视教师信息素养的培养与提升，教育部于 2019 年发布《关于实施全国中小学教师信息技术应用能力提升工程 2.0 的意见》。很多教师的信息素养水平不高，存在信息意识不强、信息处理能力不够、信息化教学创新能力不足等问题。正是在此背景下，我们编写出版了本书，以帮助教师有效提升信息素养。

　　本书从当前教师信息素养的困惑点入手，以教师碰到的获取、管理、发布和应用信息的主要问题为体系，力求准确地把握教师信息素养提升的基本状况，遵循教师信息素养发展的规律，使教师既能轻松应对技术操作问题，又能为灵活应用信息技术铺路筑基，能够灵活地运用不同的信息技术工具解决自己的教学问题，从而进一步增强参与教学创新的信心和能力。本书从教师如何适应信息时代、信息检索操作与方法、信息处理操作与方法、利用信息技术改善教学和利用信息技术创新教与学等方面入手，条分缕析地进行研修指导与问题解析，力图帮助教师厘清思路，顺利走上信息素养提升之路。

　　教师信息素养的提升，不在于理论是否高深与新颖，重要的是理论指导与实践操作的联系。本书有以下几个特点：第一，突出实用性。精心设计信息素养提升教育内容体系，全方位地讲解教师在信息技术应用过程中需要掌握的技能、方法和策略。第二，问题驱动。每一节都由案例直击导入，然后案例诊断、理论导航和行动研修彼此配合，让读者体验教学问题解决的全过程，从而学以致用、触类旁通。第三，理论牵引。强化理论的递进与衔接，每章都呈现了作者的深入思考和具体建议，而不是单纯地呈现技能与方法，帮助读者知其然更知其所以然。第四，通俗易懂。理论讲解浅显易懂，知识与技能学习循序渐进，前后知识衔接呼应，配有图片和表格等，利于读者学习和掌握。第五，引导自学。教师可以参考、运用书中的信息素养提升相关资源，通过自我学习及实操反思获得技能，从而有效促进信息素养的提升。

本书的诞生不是单一个体的成就，而是一个团队共同实践、思考、研讨和撰写的结果，是分工协作的集体智慧的结晶。全书由刘向永（江南大学）设计结构与统稿。江南大学的刘向永、张鑫、来智玲、李媛，天津音乐学院的郭鹏飞，梅村高中的章建锋，新城中学的姚武东，山北中学的邹培楠等人共同参与了本书的撰写。本书也是 2015 年度教育部人文社会科学研究青年基金项目"自带设备学习（BYOD）"中的家长参与研究（15YJC880045）的研究成果。

国内外众多的专家和实践者做出的杰出工作和取得的成果，使得我们在不断学习中加深了对教师信息素养提升的理解。本书借鉴和参考了许多作者的论著，在此一并感谢。

刘向永

2020 年 7 月于无锡

目　　录

第一章

信息素养：数字化时代教师必备的素养

导言

　　随着时代的发展，人工智能技术、移动通信技术等最新的信息技术正在走进每个教师的工作、生活和学习。很多教师突然发现，如果没有信息技术，似乎就寸步难行了。我们需要借助信息技术生活，如购买火车票，出行打车，进行远程交流沟通；我们需要借助信息技术教学，如用 PPT 展示内容，用微信进行家校沟通，统计分析分数；我们需要借助信息技术发展，如运用网络平台进行教研，通过慕课进行专业学习。无处不在的信息技术环绕在教师的身边。有些教师信息技术使用得比较好，得心应手，而有些教师使用信息技术比较困难，磕磕碰碰。使用信息技术的背后正显示了不同教师的信息素养不同。面对信息化的浪潮，信息素养成为决定教师是否能够驾驭工作、生活和学习的关键性因素。国家要求教师主动适应信息化、人工智能等新技术变革，积极有效开展教育教学。因此，提升教师的信息素养成为社会和现实发展的需求。

第一节　教师如何适应信息时代

案例与分析

案例直击

　　李老师是一名初中数学教师，年龄四十多岁。他从师范大学毕业以后，任教已经 20 年了，逐渐成为一名专家型教师。但李老师越来越感觉到吃力，不能够适应时代的发展了。首先，学校的信息化技术和设备不断更新换代，教室里面除了黑板还有投影仪，后来又改为电子白板，最近又改为液晶一体机，教师不仅要依靠传统的粉笔、黑板和语言进行教学，还要制作多媒体课件；其次，原来李老师有一个自己的题目秘籍，靠着这本秘籍，他能不断地给予学生新鲜感，但有了网络以后，学生在网络上就可以搜索到这些所谓的权威题目，李老师失去了在学生面前的权威性和神秘感；最后，李老师在工作和生活中接触的信息技术越来越多了，要在网络上提交学生的综合素质评价，还要运用信息技术去搜索资料、订票打车、与家长沟通等。面对不断涌来的信息技术发展浪潮，李老师奋力地追赶着，却也感觉到一丝质疑、畏惧。

❀ 案例诊断

随着信息技术的快速发展和信息总量的爆炸性增长，人类社会正在从工业社会向信息社会转型。钟义信认为，把这个社会称为"信息社会"的更本质原因在于它所使用的资源、工具和产品的性质：信息资源越来越成为社会的表征性资源，基于信息技术的智能工具日益成为表征性的社会工具，信息产品越来越成为表征性的社会产品。社会转型是指社会中的人、社会整体结构（政治、经济、文化、意识形态）的整体性和结构性的变迁与发展。它意味着社会系统内在结构的变迁，意味着人们的生产方式、生活方式、心理结构、价值观念等方面全面而深刻的变革。

网络化、数字化和智能化使得信息化社会逐渐从梦想变为现实。人类社会发展史在某种程度上就是信息革命史，每次信息革命都改变了社会进程。从最早的结绳记事，到语言产生，再到文字使用和印刷术普及，尤其是到了今天互联网的普及，更加使社会快速地迈进了信息时代。到了今天，大数据技术和人工智能技术更是使整个社会彻底进入智能时代。因此，不管人们是否承认，技术的不断发展是大势所趋。正如美国著名的社会思想家阿尔文·托夫勒在《第三次浪潮》中所说的："唯一可以确定的是，明天会使我们大吃一惊。"因此，信息技术改变人类社会，改变人们的工作、生活和学习，这已经不可阻挡。不管人们承认与否、适应与否，信息化浪潮已经席卷了所有人，我们只能勇敢面对、积极适应。

信息时代改变了很多领域，其中自然包含了教育领域。信息化工具和手段改变着教育内容和教育形式，也在改变着教师，改变着教师的教育理念和教学手段。面对信息化浪潮的冲击，教师自然有些迷茫，有些畏惧，也会产生一些自我保护意识，会下意识地去维护传统内容和传统方式，进而对新技术应用和新教学方式产生某种质疑。由于遭遇新技术而产生各种各样的情绪变化是很正常的。但人工智能等正在改变全球。信息时代时刻影响着我们的工作、学习和生活，影响有好的一面，也有坏的一面，我们只有接受变革，不断学习，去伪存真，更好地利用网络化的信息资源，才能创造我们教育的美好明天。正如著名进化论学者达尔文所说的："自然界生存下来的，既不是四肢最强壮的，也不是头脑最聪明的，而是有能力适应变化的物种。"物竞天择，适者生存。我们只有不断地适应信息时代对教师的新要求，才能够成为一个合格的新时代教师。正如雷·克里弗德所言，"科技不能取代教师，但是使用科技的教师能取代不使用科技的教师"。[1]

理论与应用

◎ 理论导航

一、信息化正在改变社会：信息化的三大特征

人类社会正在迈进信息化时代，人工智能、大数据等新技术正在改变着社会。数字化、网络化、智能化成为信息化的三大特征。习近平总书记曾说："世界正在进入以信息产业为主导的经济发展时期。我们要把握数字化、网络化、智能化融合发展的契机，以信息化、智能化为杠杆培育新动能。"[2]

1. 数字化

数字化的概念包含两个层面：一个是技术逻辑层面，数字技术把人与物的各种信息变成数字信号或数字编码，通过各种程序进行处理，并伴随和推动互联网、物联网等的发展，逐渐进入数据化与智能化等更高的阶段。数字化的另一个层面就是数字技术带来的社会影响和产业变革，其中最重要的是生活方式和生产方式的变革。数字化带来了数据化。数据化是指问题转化为可制表分析的量化形式的过程，最直观的形式就是企业形形色色的报表和报告。数字化是人类全面迈向智能社会的必由之路。

[1] 王晓波. 迈向教师与人工智能协作的未来教育时代 [J]. 中小学信息技术教育，2018（01）：10—12.
[2] 习近平：在中国科学院第十九次院士大会、中国工程院第十四次院士大会上的讲话 [EB/OL].（2018-05-28）[2019-06-07]. http：//www.xinhuanet.com/2018-05/28/c_1122901308.htm.

2. 网络化

网络把整个互联网整合成一台巨大的超级计算机,实现计算资源、存储资源、数据资源、信息资源、知识资源、专家资源的全面共享。在数字化时代,信息正在改变着世界,而传递一切信息的基础就是连接。连接是人与人之间的相互沟通,是人与物之间的信息交互,是物与物之间的相互感知。就像世界的神经,连接无处不在。无论是处于信息爆炸的发达地区,还是困于封闭环境但渴望与世界沟通的落后地区,无论是个人、企业还是国家,都因连接而衍生出前所未有的可能。

2020 年 4 月 28 日,中国互联网络信息中心(CNNIC)在京发布第 45 次《中国互联网络发展状况统计报告》(以下简称《报告》)。《报告》指出,截至 2020 年 3 月,我国网民规模达 9.04 亿,互联网普及率达 64.5%,较 2018 年底提升 4.9 个百分点。我国手机网民规模达 8.97 亿,网民通过手机接入互联网的比例高达 99.3%。互联网覆盖范围进一步扩大,数字鸿沟不断缩小。[1]

从一般意义上讲,只要具备通信网络条件、计算机或上网装置,任何人都可以随时上网,也可以随时下网;既可以在网络虚拟世界中流连,又可以随时回到现实社会。在信息网络中,每个网民既可以充分获得信息,又可以有选择地扩散信息,尤其是通过聊天室、电子邮件及可视网络电话等,可以与天涯海角的人直接对话。在信息网络中,人机交互性不仅方便了人们的物质生活,丰富了人们的精神生活,而且满足了人们心理上的主体创造需求。信息网络化表现为平等性。在信息网络中,网民之间都是平等的,没有高贵与卑贱、富有与贫穷之分,也没有等级、地位之别。信息网络的这种平等性,能充分发挥网民的个性和创造性。

3. 智能化

数字化世界的一大特征是智能化。如今,芯片和传感器的发展使"+智

---

[1] 第 45 次中国互联网络发展状况统计报告 [R/OL]. (2020-4-28) [2020-05-01]. http://www.cnnic.net.cn/hlwfzyj/hlwxzbg/hlwtjbg/202004/P020200428596599037028.pdf.

能"成为大势所趋，新形态的计算、存储、分析等信息技术工具也将有助于我们在"＋智能"时代开疆辟土。智能化是指事物在网络、大数据、物联网和人工智能等技术的支持下所具有的能动地满足人的各种需求的属性。比如，无人驾驶汽车就是一种智能化的事物，它将传感器、物联网、移动互联网、大数据分析等技术融为一体，从而能动地满足人的出行需求。它之所以是能动的，是因为它不像传统的汽车，需要被动地进行人为操作驾驶。

正如 AlphaGo 战胜职业围棋选手柯洁，这不是偶然，而是拥有算法和二进制程序的机器智能化发展的必然结果。我们也可以想象，聊天机器人将渗透到我们的日常生活中，提供健身建议和餐厅推荐；人工智能将读懂 X 光片，远程诊断疾病；工业 4.0 将根据实时销售数据对生产和供应链进行调整。通过转型与升级，进入"＋智能"时代：交通＋智能，最懂你的路；医疗＋智能，最懂你的痛；制造＋智能，最懂你所需。ICT 产业推动全球各行业由资源竞争转向"智源"竞争，一个万物感知、万物互联、万物智能的社会正在快速到来。

二、教师如何适应信息时代

1. 辩证地看待信息技术

对于人工智能，我们不要过分高估也不要过分低看，就像前文提及的雷·克里弗德的观点，"科技不能取代教师，但是使用科技的教师能取代不使用科技的教师"。同理，人工智能不会取代教师，但是使用人工智能的教师会取代不使用人工智能的教师。

综上所述，对于人工智能对教育的影响，我们既不要高估，因为短期内它不会对教育产生实质性影响，又不要低看，因为人工智能叠加其他技术，如叠加大数据、互联网，这些技术经过长时间的进化后，会实质性地改变教育体系。所以，我们要秉承理性态度看待人工智能对教育的影响。

2. 迈向教师与信息技术协作的教育时代

随着时代的发展，信息技术越来越智能化、网络化和移动化，逐渐取代了很多原来由人所从事的工作，如高速收费员、银行柜员等。智能制作将传统工厂转化为现代化无人工厂，提升了工厂的效率与效益。信息技术进入教育系统后，逐渐把教师从枯燥烦琐的重复性工作中解放出来，"教师消亡论"又重新引发人们的关注。但技术并不能完全代替教师，因为教师还有情感关怀等方面的作用。未来一定是人机协作的教育时代，协同实现个性化的教育、包容的教育、公平的教育与终身的教育，促进人的全面发展。

第一，信息技术会让教育更精准。传统教育主要依靠的是教师的经验，而信息技术可以更精准地捕捉学习数据，以往靠人眼观察不到的，如情绪、心理等内隐性数据，则可以通过信息技术获得。而依靠信息技术精准掌握了学生的学习数据后，教师和技术的协同发展可提供促进学生学习的智能教育供给。在信息技术支撑下，个性化学习和自适应性学习成为现实。

第二，信息技术会让教育更美好。以往的学校、家庭和社会是相对割裂的。但在信息技术的支持下，学习可以不只在学校完成，教育环境泛化已经成为趋势。学习可以在课堂上进行，也可以在日常生活中进行。知识的来源不再只是教师，学生可以通过网络与全世界的人进行交流，获取全世界的资源。人们通过无处不在的终端连接智能化的知识网络和人际网络，实现人人、时时、处处可学的终身学习。传统的教育方式就好像是教给孩子所有的工具，如螺丝刀、扳手等的功能，而现代教育将是学生自己去找工具来研究怎么拆解。只有实际操作那些工具，学生才会明白它们的功用。未来教育将不再是教师灌输和学生死记硬背，而是要着眼于学生的问题解决能力和创新能力的发展。

❀ 行动研修

一、"打开"

面对信息化浪潮，教育管理者试图让教师和学生在教与学中广泛而常态地使用信息技术。但现实是，教师信息技术应用状况并不理想。教师在面对新技术进入教学时，并不像教育管理者所预想的那样喜出望外，而是普遍带有一种抵触情绪。这时，我们不能简单地把原因归于教师"不行"，而要从教师应用信息技术的动机、支持、评估等方面综合考虑。对于教师来说，还是他习不习惯用的问题，习惯用了他就离不开了。他如果觉得还是习惯用以前的 PPT，或者对新技术不熟悉，觉得不习惯，觉得不能解决课堂上的问题，他可能就不想去用新技术，在这种情况下，我们逼他用肯定也不行，所以这是一个习惯问题。

在教师应用信息技术时，动机起重要的作用。勒温在他的团体动力学中论述了变革习惯与传统思想的三部曲，即"解冻""同化""重冻"。浙江师范大学孙祯祥教授等认为，"解冻"是在学校信息化变革中，教师从最初对教育信息化的不了解和抵触到初步接受信息化理念并开始行动的改变；而随着教育信息化的持续推进，在教学实践中，教师关于教育信息化的思想意识逐渐被"同化"；再随着教育信息化的深入发展，教师在实践过程中不断研究、反思和重建，进而使信息化的教学观念不断增强，并内化为教师自觉的教育行为，这个过程被称为"重冻"。

在"解冻""同化""重冻"这三个环节中，"解冻"至关重要，也就是让教师愿意"打开"自我，接受新的技术与理念。让教师"打开"的方式主要有三种：第一种方式是很多教育管理者常用的方式，那就是强迫"打开"，通过行政命令的方式让教师必须应用信息技术，否则将面临考核评估。虽然强迫"打开"的方式有一定的效力，但也有很多后遗症。许多教师在行政命令撤去后马上会恢复原来的状态，或者使用时不会主动思考、积极反思。第二种方式是通过典型示范来感知应用。笔者曾经数次聆听黎加厚教授的培训讲座，黎教授通过使用技术来讲授技术，听者无不有积极尝试的愿望。第三种方式是通过学生的学习方式变革来引导教师教学的改变，促使他们自我"打开"。上海市嘉定区实验小学原校长花洁就是通过自带设备（BYOD）、数据驱动等方式引发了学生学习方式的变革，自然也就促使教师不得不"打开"。当然，还有很多其他的方式可以驱使教师"打开"。信息技术的常态化应用首先需要我们采用综合方式，让教师不再是被动使用，而是主动"打开"，拥抱变化，只有这样，信息技术应用的价值才能真正实现，从而改变我国教育的未来。

二、"行动"

面对信息时代，教师除了满怀希望，还需要踏踏实实地去"行动"，只有在实践中才能够体会到信息技术所具有的优势和可能存在的弊端。教师采取行动去使用信息技术时不妨定几个小目标，让自己在可实现的目标中努力前进，最终获得满足感。每个人都想成就不凡的自己，但得到你最想要的东西的一个有效而可靠的方式就是踏实迈出每一步，而不是企图马上实现大的飞跃。教师不妨在每个学期给自己定几个可以实现的、具体的小目标。第一，学习并实践一种新技术。教师始终面对的是不断更新的技术。面对眼花缭乱的新技术，陷入迷茫中的你还不如行动起来，去学习和实践一种技术，也许学一下最新的视频编辑技术，也许学一下某种硬件设备的操作，那种学会后的获得感会让你感觉回到了最美好的学生时代。第二，尝试一种新的教学方法。教师对于曾经的教学方法已经很习惯了，使用起来非常顺手，但也缺乏一些教学时的兴奋感。教师不妨尝试一种新的教学方法，项目式学习也好，翻转式教学也罢，在准备、实践和反思的过程中，你会发现不一样的教学、不一样的你和不一样的学生。面对未来，教师还是要脚踏实地，把梦想转化成可实现的小目标，那么你一定会把实现理想的过程变成自己绚丽多彩的人生经历。

第二节　教师为什么需要信息素养

案例与分析

案例直击

李老师明白信息浪潮不可阻挡，他也愿意努力适应信息时代并改变自己，但他仍然有很多困惑，例如，网络上有铺天盖地的资源可供选择，但他不知道如何去筛选，怎样才能够找到可信、有用的信息，他真的是生活在信息的海洋中，却忍受着知识的饥渴。李老师在网络上搜索某个期刊杂志社网址的时候，却经常会被导航到那些期刊论文中介的网站上，甚至因此被骗过。他还因为在网络上购买图书而被诈骗，损失了几千块钱。再如，面对很多新设备和新软件，他并不知道如何操作。李老师仍然只是传统地使用多媒体课件等，采用的教学方式仍然是传统的讲授式。李老师感觉自己拿着最先进的工具进行着最原始的教学。他有心改变这种状况，却发现有很多的软件工具供他选择，他不知道该选择什么软件，也不知道如何安装软件，如何使用软件进行有效教学。

🦋 案例诊断

随着信息技术的快速发展，信息的重要性日益凸显。信息大爆炸正成为社会趋势改变的重要驱动力量之一。信息洪流裹挟着泥沙而来，让我们在享受信息所带来的便捷时，也忍受着信息轰炸、信息诈骗的痛苦。如何实现对信息及信息技术的正确理解、利用和把握，是时代对信息社会的公民们所提出的一项新的能力要求，这项新的能力要求就是信息素养，它是一个合格的信息社会公民所必须具备的基本素养。同样，信息素养也是教师在数字化时代生存的必备能力。

面对海量信息，人们应具有迅速地筛选和获取信息、准确地鉴别信息的真伪、创造性地加工和处理信息的能力，并把掌握和运用信息技术的能力作为与读、写、算同等重要的终身有用的能力。信息素养强调的是个人在进行有关信息活动时的身心发展水平，它不仅反映人们利用信息的意识和能力，而且反映人们面对信息的心理状态，也可以说，反映信息时代人们在网络环境中的一种数字化生存能力。进行信息素养培养将是个人能力教育的重要内容。2001年1月，亚太地区首届"网络时代学与教——实践、挑战与背景"国际研讨会指出："信息素养不仅已成为当前评价人才综合素质的一项重要指标，而且成为信息时代每个成员的基本生存能力。"

在此背景下，获取、加工、表达信息的能力就成为教师能力培养的重要目标和要求。同时，信息素养是终身学习的基础。具备一定的信息素养，教师就能够获得学习的内容，对所做的研究进行扩展，能够更好地进行自我导向，对自己的学习进行更有效的控制。

互联网为我们的生活打开了一个别样的天地，我们形象地称之为"信息之窗"。凭"窗"远眺，放眼望去是一个宽广无垠、似真似幻的世界，这里有最丰富的信息，也有不真实的谎言。在这个数字化的时代，信息不仅改变着教师们的工作和生活方式，也改变着教与学的方式，人们面临的是对新世界的认知及把握。教师需要具备信息素养，去面对信息时代的挑战和机遇。

理论与应用

⊙ 理论导航

信息素养的概念自 1974 年诞生后，关于它的内涵一直存在争议，其中影响最大的是美国图书馆协会 1989 年的定义，它认为信息素养是指个人"能认识到何时需要信息，并能有效地检索、评估和利用所需的信息的能力"。2000 年的定义将信息素养视为包含信息意识、检索、评估和利用的能力谱系，认为信息意识、检索、评估和利用等要素是信息素养中的"不变维度"，具备信息素养需要历经培养信息意识、进行信息检索、对检索信息进行评估和利用的基本流程，而且流程是线性的，不可反复。

随着信息生态环境的变化和高等教育的变革，2013 年美国开始对《高等教育信息素养能力标准》进行全面修订。2015 年 ACRL 标准委员会向董事会提交最终文档《高等教育信息素养框架》，具体内容如表 1-1 所示：[1]

---

[1] 韩丽风，王茜，李津，等. 高等教育信息素养框架 [J]. 大学图书馆学报，2015（06）：118—126.

表 1 - 1 高等教育信息素养框架

阈值	知识实践	意向
权威是建构的和语境化的	· 判断权威的不同类型（如学科知识、社会地位、特殊经验） · 使用工具和标识判断来源的可信性，了解影响公信力的因素 · 了解有学者会挑战当前权威 · 承认权威的内容可能是非正式的，包括各种媒体类型 · 承认自己可能正成为某一领域的权威，能认识到由此需要承担的责任，力求准确、诚实，尊重知识产权 · 了解信息生态系统日趋社会化的趋势	· 对冲突的观点保持开放心态 · 激励自己找到权威的来源 · 意识到自己的偏见、世界观对权威的影响和怀疑精神的重要性 · 质疑传统的权威观念 · 意识到保持这些态度和行为需要不断地进行自我反思与评价
信息创建是过程性的	· 有效表达不同信息创建过程的优势及其局限性 · 评估信息产品的创造过程和特定的信息需求之间是否契合 · 能区分新旧信息创建过程和传播模式之间的不同 · 承认由于包装格式不同，对同一信息可能具有不同的认知 · 识别包含静态或动态信息的格式的潜在价值 · 测定不同语境、不同格式类型的信息产品的价值 · 具备向新的信息产品转换知识的能力 · 了解自我选择将影响信息被使用的目的及所传达的信息	· 寻找提示创建过程的产品标记 · 判断产品创建过程的价值 · 承认知识的创造是通过各种格式或方式的交流进行的 · 接受以新兴格式创建的信息的模糊性 · 反对将格式与创建过程混为一谈 · 理解不同用途的信息具有不同的传播方式

阈值	知识实践	意向
信息具有价值	·通过适当的归因和引用称赞他人的原创成果 ·了解知识产权是由法律和社会建构的 ·能区分著作权、合理使用、开放存取的不同目的和特点 ·理解某些信息的生产和传播者如何和为什么会被边缘化 ·了解信息及其交流的商品化对信息获取、产生与传播的影响 ·充分理解隐私和个人信息商品化的相关问题并做出明智选择	·尊重其他人的原始思想 ·尊重知识产生过程中所需要的技能、时间和努力 ·将自己视为信息市场的贡献者而不仅仅是消费者 ·乐于审视自己的信息权限
研究即探究	·根据信息鸿沟提出研究问题，审视现存的可能矛盾的信息 ·确定适当的调查范围 ·通过将复杂问题简单化进行研究 ·根据需要、环境和探究问题的类型，运用多种研究方法 ·管理收集的信息，评估差距或不足 ·以有意义的方式组织信息 ·综合从多个来源收集的观点 ·根据对信息的分析和解释做出合理的结论	·将研究视作开放式的探索和参与 ·欣赏革命性的简单问题 ·注重好奇心的价值 ·保持谦虚 ·拥抱研究的"混乱" ·保持开放的心态和批判的立场 ·尊重持久性、适应性、灵活性
学术即交流	·在信息生产中对做出贡献的他人成果进行引用 ·在适当的层次上为学术交流做出贡献 ·识别通过各种途径进入学术交流的障碍 ·批判性地评价他人在参与环境下做出的贡献 ·能识别学科知识中的主要资源	·经常处于学术交流过程中 ·找出本领域内正在进行的交流 ·将自己视为学术研究过程中的贡献者而不仅仅是消费者 ·认识到学术交流发生于各种场所

续　表

阈值	知识实践	意向
检索即策略性探索	• 决定能满足信息需求的初始范围 • 识别可能产生某一主题或影响信息获取的兴趣团体 • 正确地利用发散性思维和收敛性思维进行检索 • 利用与信息需求和检索策略相匹配的合适的检索工具 • 根据检索结果设计和细化需求和检索策略 • 理解信息系统是如何组织的 • 正确运用不同的检索语言（如受控词汇、关键词、自然语言） • 有效地管理检索过程和结果	• 展示思维的灵活性和创造性 • 理解首次检索结果可能有所不足 • 寻求专家指导（馆员、教授等） • 认识到信息收集过程中的浏览和其他偶然方法的价值 • 面对搜索的挑战，知道何时拥有足够的信息完成任务

行动研修

在信息时代，丰富的信息为各种学习提供了最原始的材料，而检索、评价、应用、创造信息的过程其实就是一个真实的学习过程。现代教学设计已经开始关注如何选择、组织、呈现信息来提高学习发生的概率。美国信息技术专家和教学设计专家、宾夕法尼亚州德雷克塞尔大学计算机与信息学院教授纽曼（Delia Neuman）经过近20年的研究与实践，首创性地提出了"爱学习模型"（I-LEARN Model，参见图1-1），不仅进一步描述了利用信息进行学习的过程，而且为提升信息素养教学提供了一个实用的操作模型。"爱学习模型"通过一系列与鉴别、定位、评价、应用、反思、精通这6个阶段相关的要素将信息行为与学习行为联系在一起。[1]

---

[1] 方向，盛群力. 学会在信息海洋中遨游："爱学习模型"的实施阶段 [J]. 数字教育，2015，1（01）：16—22.

鉴别	→	定位	→	评价	→	应用	→	反思	→	精通
激活/ 审视/ 表达		聚焦/ 发现/ 提取		可信/ 恰当/ 实效		生成/ 组织/ 交流		分析/ 调整/ 提炼		内化/ 创新/ 激活

图 1 - 1 爱学习模型

（1）鉴别阶段。"爱学习模型"第一阶段"鉴别"（identify）所涉及的任务是选择要调查的主题、要解决的任务或者要回答的问题。

（2）定位阶段。"定位"（locate）阶段指的是信息的获取阶段，不管这些信息是已经被记载的还是存在于更广泛的信息环境中的，都是进行学习的基础。为了检索信息，学习者必须聚焦（focus）所学的内容，发现（find）和学习有关的信息，并提取（extract）和学习任务最相关、最突出的信息。

（3）评价阶段。在本阶段中，学习者要学会"确定信息的准确性、相关性和完整性""区分各种事实、观点和意见"和"识别不正确的和误导的信息"，从而"严格地评价信息及其来源"。评价信息可以从很多方面入手，"爱学习模型"聚焦于三种：信息是否权威（authority）——信息来源和作者是否可信及信息是否准确、完整和有内部逻辑性，信息是否相关（relevance）——信息是否能应用于现有主题及信息是否能适应学习者的发展水平和所需的与学习水平相关的学习内容，信息是否有时效（timeliness）——信息是否可以在特定的学习者和任务中传递及是否可以便捷地获取。

（4）应用阶段。"爱学习模型"中最重要的"应用"（apply）阶段关注学习者如何利用信息进而"生成"（generate）新的、个体的知识；如何把基于信息的理解"组织"（organize）成一些心理表征；并且，在学校和其他环境中，如何以一种有效的方式创建能用于"交流"（communicate）新理解的表征方式。

（5）反思阶段。在用信息进行学习的过程中，该阶段中的分析（analyze）、修正（revise）和提炼（refine）要素是一个循环反复的过程。

（6）精通阶段。学习的结果是知识的生成，因此"爱学习模型"在最后阶段"精通"（know）也强调这一点。在这一阶段，学习者把新学的知识与已有的知识结合从而完成新知识的"内化"（internalize），而每个学习者又是以自己的方式把各种信息片段相互联系起来的，这个建构自己对现有主题的理解的过程就是"创新"。

第三节　教师信息素养包含什么

案例与分析

案例直击

看了很多资料以后，李老师终于理解了信息素养对于一名教师来说意味着什么。李老师面对最新的技术和设备，也逐渐开始敞开了胸怀，想要做一名高信息素养的教师。于是，李老师就主动地去使用信息技术来改进他的工作、学习和生活。例如，他去听课时在某个环节有了想法，就用云笔记来及时地记录自己的想法；他在备课时喜欢使用希沃白板的备课功能，因为它比较便捷，属于云课件，在电脑上编辑好，在课堂的白板上就可以直接使用了；他会通过 CCTalk 等网络研修平台聆听全国各地名师的精彩讲座。李老师使用信息技术越来越得心应手了，也越来越自信了。但此时李老师又产生了疑惑：他到底算不算是一个有着高水平信息素养的教师呢？李老师并不知道如何算是一个有高水平信息素养的教师。李老师还想继续提升自己的信息素养，却不知道该学习和掌握哪些方面的知识与技能。

案例诊断

教师信息素养到底包含哪些内容呢？是不是教师掌握了信息技术的基本操作就算有了信息素养呢？关于教师信息素养的相关研究显示，我国学者对于教师信息素养的内涵表述并不一致。很多研究者主要从信息素养的内涵出发，结合教师职业的特质，从不同角度对教师信息素养内涵进行剖析。例如，有学者从文化角度出发，认为教师信息素养是一种以获取和利用信息为特征的科学文化素养，主要包括基本信息素养、多媒体素养、网络素养及课程整合素养等方面[1]；有学者从信息素养在教学环节中的作用出发，认为教师信息素养应该包括教学设计素养、教学方法运用素养、教学实施素养、教学媒体选用素养、教学观察素养与教学反思素养[2]；还有学者从传播学的角度出发，认为教师应该具备对各种媒介信息的解读和批判能力及有效应用媒介教育功能的能力，具体包含师德和教育责任的意识、媒介的认知和使用技能、注意力和信息辨别能力、信息批判能力和创新能力，以及学习社区组织能力[3]。因此，教师信息素养虽然根植于信息素养理论，但它有自己独特的职业特性。教师不仅要具备一般人所具有的信息素养，还需要根据职业特点进行内容再构。教师职业的独特性使他们不仅要学会进行信息处理，还要将其应用到教学之中。

理论与应用

◎ 理论导航

关于教师信息素养的界定与组成，目前并无定论，研究者和研究机构都从自身角度提出了自己的看法。笔者遴选了一些经典的观点和规定，供教师们参考。

一、教师信息素养的组成

华中师范大学的吴砥教授认为："中小学教师信息素养（图 1 - 2）是在信息素养基础上的延伸，其不仅包括信息素养内涵，还要求中小学教师具备有效开展教育教学工作的相关信息素养，即为了有效开展教育活动，教师有目

---

[1] 蔡其勇. 基础教育课程改革与教师信息素养的培养 [J]. 课程·教材·教法，2006 (07)：79—82.

[2] 王轶，石纬林，崔艳辉. "互联网＋"时代青年教师信息素养研究 [J]. 中国电化教育，2017 (03)：109—114.

[3] 林聪. "互联网＋"背景下的高校教师信息素养及构成 [J]. 黑龙江高教研究，2016 (08)：54—56.

的并恰当合理地利用信息和信息技术的一种综合素质，包括感知和主动应用信息开展教育教学活动的意识、对信息和信息工具的基本认知、应用信息和信息技术开展教育教学的能力、遵守伦理道德和信息安全的准则、开展终身学习的能力。"[1]

图1-2 中小学教师信息素养评价指标框架

二、ISTE 教育者标准

2017 版美国国际教育技术协会（ISTE）教育者标准主要赋予教育者 7 种角色，并对每种角色进行了详细的说明，主要内容如表 1-2 所示。

表 1-2 2017 版美国国际教育技术协会（ISTE）教育者标准

维度	具体内容
学习者 （Learner）	教育者通过向他人学习和与他人一起学习来提高自身实践能力，探索利用技术促进学生学习的实践。教育者能够：①制订专业的学习目标，探索和应用技术支持的教学方法，并反思其有效性。②通过创建和积极参与本地或全球学习网络来激发专业兴趣。③随时关注、支持并改进学生学习的研究成果，包括学习科学成果。

[1] 吴砥，周驰，陈敏."互联网＋"时代教师信息素养评价研究 [J].中国电化教育，2020（01）：56—63，108.

维度	具体内容
领导者 （Leader）	教育者寻求领导机会，赋予学生权利并促使学生获得成功，同时促进教学和学习。教育者能够：①通过与教育利益相关者保持接触，为技术支持的学习赋能，塑造、推进并加快实现共享的愿景。②提倡公平获得教育技术、数字内容和学习机会，以满足所有学生的不同需要。③给同事提供辨别、探索、评估、处理和采用新型数字学习资源和工具的范本。
公民 （Citizen）	教育者激励学生积极贡献并负责任地投身于数字化世界。教育者能够：①使学生拥有积极的、富有社会责任感的贡献经历，帮助学生产生在线移情行为，这种行为能够帮助学生和社区构建良好关系。②建立一种学习文化，激发学生对网络资源的好奇心，提高其批判性检查能力，并培养学生的数字化素养。③指导学生安全、合法、合乎伦理地使用数字工具，并保护知识产权。④提供范本并促进个人数据和数字身份的管理，保护学生的数据隐私。
合作者 （Collaborator）	教育者投入大量时间与同事及学生进行合作，提高他们的实践能力，同时发现、共享资源及想法，并解决问题。教育者能够：①规划一定的时间与同事合作，创造利用技术的真实学习经验。②与学生合作共同学习，发现、使用新的数字资源，并诊断和解决技术问题。③在本地或全球学习网络与专家、团队和学生进行实际接触，并使用协作性工具来增加学生可靠的、真实的学习体验。④在与学生、家长和同事交流时展示文化能力，与学生互动，成为学生学习上的合作者。
设计者 （Designer）	教育者设计真实的由学习者驱动的活动和环境，来识别和适应学生的多样性。教育者能够：①用技术创造合适的和个性化的学习环境，使之能够提高学生独立学习的能力，并且满足学生之间的差异和需求。②设计与内容区域标准一致的真实的学习活动，最大限度地使用数字工具和资源让学生进行积极、深度的学习。③探索和应用教学设计原则，创造出符合创新原则的数字学习环境，使之参与和支持学习。

续 表

维度	具体内容
促进者 （Facilitator）	教育者使用技术来促进学生的学习，并支持学生实现 2016 版 ISTE 学生标准。教育者能够：①培养一种文化，在这种文化中，学生在独立和团队环境中都有权自主掌控学习目标和结果。②在数字平台、虚拟环境和动手实践创客空间中，管理技术使用和学生学习策略。③创造学习机会，这种机会能够引导学生通过设计过程和计算思维去创新和解决问题。④提供范例和培养创造力及创造性表达方式来交流思想、知识或联系。
分析者 （Analyst）	教育者要理解并使用数据来驱动自身的教学，并支持学生实现他们的学习目标。教育者能够：①为学生提供可选择的学习方式，使用技术来展示能力和反思学习。②利用技术去设计并进行形成性和总结性评价来满足学生的需求，同时及时反馈给学生并进行指导。③使用评估数据帮助学生、家长和教育利益相关者进行沟通，促使学生能够进行自我指导。

❀ **行 动 研 修**

一、掌握信息技术基本操作

教师信息素养的基础部分是信息技术基本操作，不能对信息技术设备和软件进行良好操作，就根本谈不上其他信息素养。因此，教师首先需要熟悉、了解和掌握信息技术设备的操作。目前，信息技术基本操作主要包括：（1）计算机系统的操作与使用，包括最新的移动终端的使用；（2）信息的检索处理、共享交流，包括网络的基础知识和基本操作、下载信息的加工等；（3）办公软件的操作与使用，包括文字处理、表格统计工具 Excel 及幻灯片制作软件 PowerPoint 等；（4）多媒体素材的收集与处理，包括多媒体素材的剪辑，如截取、合并、嵌入等；（5）常用学科工具软件，包括几何画板、物理虚拟实验软件等。

二、学会进行有效信息处理

教师仅掌握信息技术操作技能还是不够的，除了技术因素，还要考虑认知因素。因此，教师需要借助信息技术设备、工具和软件学会信息处理。信息处理的过程包括获取信息、管理信息、整合信息、评价信息和创造信息五个部分。信息处理能力的组成要素包括一些认知上的能力，比如综合能力、分析能力、决策能力等。

三、能够利用技术赋能教学

对于一般性的信息素养来说，以上的两个部分其实就足够了，但对于教师来说，还有一个信息应用的问题，而教师信息应用的目的就是能够利用技术赋能教学，让技术真正地在教与学中发挥作用。《中小学教师信息技术应用能力标准（试行）》中明确地规定："Ⅰ.应用信息技术优化课堂教学的能力为基本要求，主要包括教师利用信息技术进行讲解、启发、示范、指导、评价等教学活动应具备的能力；Ⅱ.应用信息技术转变学习方式的能力为发展性要求，主要针对教师在学生具备网络学习环境或相应设备的条件下，利用信息技术支持学生开展自主、合作、探究等学习活动所应具有的能力。"

四、情感、态度与价值观

当然，教师信息素养不仅包括我们所罗列的以上部分，还包括信息意识和信息社会责任等方面。情感与态度部分强调教师喜欢使用信息技术，积极主动地使用信息技术。情感与态度部分是指教师能够了解信息技术在社会上的地位和作用，以积极主动的心态积极参与到信息活动中去。情感与态度部分不是一个孤立的组成部分，它更多的是融合在信息处理能力等之中。社会责任强调教师必须要负责任地使用信息技术，强调信息社会中信息技术开发者和使用者的责任感。信息技术不仅给人类带来了好处，还给人类带来了危害。信息伦理道德教育的重要性彰显了社会责任的重要性。社会责任包括信息伦理道德、知识产权等，它不仅包含价值观层面的内容，还包含一定的知识。

第二章

信息检索：教师成为信息海洋的领航员

导言

在科技飞速发展的 21 世纪，技术推陈出新、更新换代的速度加快。在信息社会，信息爆炸产生了无法计量的信息，信息渠道的急速增加也使得面对海量信息成为每个人的常态。但是在海量信息中获取自己所需要的信息，成为人的竞争力的重要体现。谁能从海量信息中识别准确、有价值的信息，谁就拥有信息时代的竞争力。在海洋中，舵手通过指南针引领航队，最终抵达黄金大陆；在信息海洋中，我们要通过"信息检索"这个指南针，帮助我们抽丝剥茧，寻找到信息线索，指引我们成为信息海洋的领航员。本章从信息检索、网络信息检索工具、教学资源检索、信息泛滥和信息保护等几个角度对信息检索进行全面的讲解，力求帮助教师掌握信息检索技能，最终在信息海洋中成为领航员。

第一节 信息检索：指引信息方向的航行地图

案例与分析

案例直击

夏老师家的孩子今年 9 岁，学校布置了一项课后作业，要求他们完成一张关于"地球变暖"的手抄报，孩子不知道该怎么做，就跑来求助夏老师。夏老师是一名数学教师，不会画画，于是把自己班级学生做的美术作品的照片拿来给孩子参考。关于全球变暖的问题，夏老师只知道与 CO_2 排放过多有关，对于其他导致全球变暖的问题不是很清楚，对于目前全球的温室效应已经发展到什么地步也不是很清楚。那怎么办呢？夏老师通过百度搜索"全球变暖"找到了百度百科中的解释，也从百度图片中找到了其他孩子做的相关手抄报的样式。夏老师通过百度完美地找到了有关信息，帮孩子完成了作业。第二天，夏老师在为"三角函数"备课的时候，突然想起之前学生们学习这章内容的时候都不太容易理解三角函数，也总是记错 cos. 和 sin. 代表的边，要是能有一个演示动画来辅助教学，那学生们一定更容易理解了。可是夏老师在百度里搜索"三角函数"，出现的信息都是关于三角函数的公式和计算式的，怎么也找不到三角函数的演示动画。夏老师在办公室里花了一个早上的时间也没有找到自己想要的动画，这可让夏老师犯了难，该怎么办呢？

案例诊断

在信息化的时代大背景下，教育逐渐走向信息化、数字化，社会教育、家庭教育、学校教育逐渐发生着巨大的改变，其中中小学教育的教学理念、教学模式、教学方法也在发生着积极的变化。学校教育的发展对教师的教育教学和个人能力素养提出了更高、更具体的要求：

- 如何能够准确地、系统地、高效地获取合适的教学资源？
- 如何实现信息化技术与传统教学模式、传统课堂之间的有机融合？
- 如何利用技术手段和方法促进教育教学的发展？
- 如何利用学生学习轨迹和学习数据进行实时的评价和反馈？
- 如何通过教学方法和技术的支持促进学生的课堂参与和深度交互？
- 如何利用小组协作和群体知识促进学生个体认知的发展？
- ……

我们也可以问自己同样的问题，这些问题背后所蕴含的是，当前的信息化时代对我们自身的信息素养和教学能力提出更高的要求。在互联网横行的这个时代，教学方式不再是凭借自己的经历和经验进行教育教学的一言堂；教师要像一棵树一样，吸取大地中其他生物所提供的营养，转化为生长的力量，不仅广泛地吸取他人的经验，学习前人的理论，还要在课堂上构建一个师生、生生互动的教学生态。教育教学从"以教师为中心"的课堂逐渐向"以教师为主导，以学生为主体"的教学生态系统转变。

相信大家也深有体会，互联网时代的信息平等使学生和教师获取信息和资源的速度一致，甚至于学生常常会接触到更多的信息，这也要求教师不断地学习。教师是"终身学习"的彻底贯彻者，应不断学习和提升自己。对于教师而言，在日常备课中，在教学科研中，在工作生活中，如何在浩瀚的信息海洋中检索到自己所需要的信息就变得非常重要。信息检索作为教学和科研的第一步，不仅决定教师的教学效果、科研质量，还是教师信息素养和信息化教学设计能力的表现。在教育信息化时代，教师的信息检索能力成为教师基本的能力之一，也是教师能够在网络世界生存的必要技能。

理论与应用

◎ 理论导航

我们已进入一个人类历史上前所未有的科技高度发展的信息化时代。"信息化"从以 PPT 课件、动画为代表的多媒体时代发展到以流媒体和网络为核心的互联网时代，现在终于来到了 Web 2.0 时代。在这个时代，万物互联已经成为常态。在生活中，我们可以通过手机应用控制家里的空调、电饭煲、电灯等电器，到家前用电饭煲蒸饭、用空调暖房；同时，我们可以通过摄像头监控家里的小动物，远程控制家里的喂食器。这样的远程交互也实现了信息的获取和转换。在工作和学习中，我们通过信息检索工具（搜索引擎、数据库等）完成信息的获取，通过即时通信工具（微信、QQ 等）及工作/学习平台（钉钉、企业微信等）实现信息的交流和沟通。信息已经成为信息化时代我们生活、工作、学习中最基本的单元。

一、信息是什么？

我们看到黑色的黑板，得到"黑板是黑色的"的信息；学生们看到黑板上留的课后作业，得到"今天的作业是：课后习题1、2、3"的信息；教师和学生听到下课铃声，得到"下课了"的信息。我们无时无刻不在接收着信息，普遍来讲，信息就是指数据、消息、符号所代表的意义，描述着事物存在的方式、形态，是人们看到的世界。信息具有确定性，可以帮助我们减少事件中的不确定性，例如，在进行实验操作时教师提供的操作信息，帮助学生明确实验过程；同时，信息具有复杂性和个体差异性，这源于信息本身的复杂性，不同个体对数据、消息的理解和处理不同，所得到的信息也会产生个体差异，例如，"下雨天留客不留"，客人到底是留还是不留呢？不同的断句处理可能会得到不同的信息——"下雨，天留，客不留。"/"下雨天，留客不？留。"

信息需求是什么？

我们想要获取某类信息，该如何做呢？首先，当我们为了工作、研究需要一些事实和数据支持时，就产生了信息需求。马斯洛的需求层次金字塔提出：人的需求从低级生理需求到高级心理需求分别为生理需求、安全需求、社交需求、尊重需求和自我实现需求这五种需求[1]。以马斯洛的需求金字塔为基础，学者布莱克·韦尔提出了信息搜寻等级，由低到高分别为生存与安全、维持和营养、知识追求、充实与发展、随意浏览，娱乐需求不在等级序列中。一个人所在的行为等级决定了其相应的信息需求和行为表现，也只有满足了低级的信息需求，我们才能向着更高层次的信息进发和获取。[2] 例如，教师在师范院校学习期间，处于"知识追求"阶段，信息需求主要是为了个人知识体系的完善；在入职后，逐渐向"充实与发展"阶段过渡，信息需求也转向个体能力发展和经验的充实。

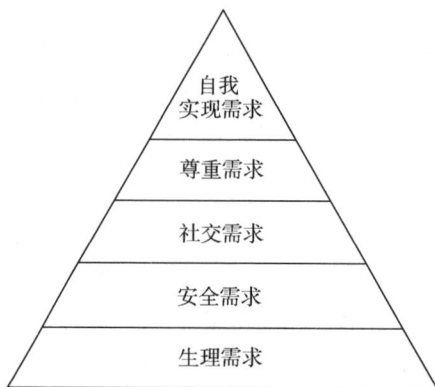

图 2-1　需求层次金字塔

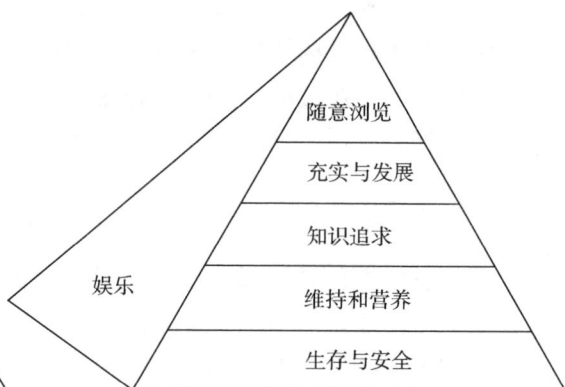

图 2-2　信息搜寻等级

[1] 百度百科. 马斯洛需求层次理论 [EB/OL]. https：// baike. baidu. com/item/马斯洛需求层次理论/11036498？ fr＝aladdin.

[2] 百度百科. 信息搜寻等级 [EB/OL]. https：// baike. baidu. com/item/信息搜寻等级/19439771？ fr＝aladdin.

二、信息检索是什么？

我们产生信息需求后，就需要进行信息检索来获取相关信息。信息检索是我们进行信息查询和获取的主要方式，是查找信息的方法和手段。在生活中，狭义的信息检索其实就是我们所说的信息查询，就是我们根据信息需要，采用一定的方法，借助一些检索工具，从信息库中找出所需要的信息的查找过程。信息检索主要经历了以下几个关键阶段：

• 第一个阶段是手工信息检索行为阶段，主要是人工进行书籍查阅等；

• 第二个阶段为机械信息检索行为阶段，这个阶段又可以分为早期通过穿孔卡片、选卡机进行检索的机械检索阶段，以及通过未联网的单机计算机进行信息检索和处理的计算机检索阶段；

• 第三个阶段是网络检索行为阶段，主要通过网络搜索分布式信息，这也是当前人们所应用的主要检索方式。

三、我们该如何进行信息检索？信息检索方法有哪些？

根据上文所描述的信息检索发展阶段，我们可以将信息检索分为手工检索、机械检索和网络检索。此外，按照检索对象，可以分为文献检索、数据检索和事实检索。文献检索：顾名思义，是指要寻找包含相关信息的文献的检索，例如，为了解教师信息素养相关研究，在中国知网上搜寻有关"教师信息素养"的文献。数据检索：例如，地理教师在讲解各种气候不同温度特征时，去相关气象网站查询各地的全年温度数据。事实检索：例如，历史教师在进行某一历史事件备课时，去寻找一些相关背景资料。此外，根据信息载体的不同也可以分为文本检索、图像检索、视频检索、音频检索等，不同类型信息的检索会使用不同的检索工具。[1]

信息检索的方法主要包括三种：[2]

---

[1]　百度知道. 信息检索分类 [EB/OL]. https：// zhidao. baidu. com/question/126538217. html.

[2]　花芳. 文献检索与利用 [M]. 北京：清华大学出版社，2009.

（1）直接法，就是不利用任何形式的检索工具，直接通过原文或文献指引来获取有关信息的方法，主要包括浏览法和追溯法。浏览法是指通过浏览原文直接获取所需要的相关信息。追溯法是指通过寻找参考文献或引文等方式由近及远地进行信息查找的方法。例如，从教材中直接得到信息的方法是"浏览法"，从教材中的引文出发搜寻原文的方法是"追溯法"。

（2）工具法，是指直接使用相关检索工具来检索信息的方法，主要包括顺查法、倒查法和抽查法。顺查法是指在进行课题研究搜寻某一主题相关信息资料时，按照时间顺序，从该主题的缘起发展到了解相关信息的方法。倒查法是指从最近的相关研究着手，从近到远逐步查询的方法。抽查法则是选取某个阶段的信息进行查询的方法。

（3）综合法，也叫作循环法，简单来说就是以上两种方法（直接法和工具法）的结合，相互取长补短，利用多种不同的检索方法进行查询，直到获得满意的信息的方法。

❀ **行动研修**

我们该如何进行信息检索呢？

教师熟练地掌握信息检索方法，就像学会掌舵的航行者，可以熟练地、自在地徜徉在信息海洋中，获取自己需要的信息以支持教学和能力提升。

1. 分析问题，明确自己的信息需求

在检索信息前，我们要分析当前遇到的问题是什么，为了解决这个问题，我们需要哪些信息，这样才能深入地了解我们的信息需求。例如，在进行课程备课时，我们可能要寻找一些关于课程内容的信息，还要寻找一些延伸资源；为了提高学生在课堂上的积极性，我们可能需要特定内容的图片、视音频资源；为了解决三角函数晦涩难懂的问题，我们可能需要寻找一些模拟动画演示帮助学生了解。

2. 根据需求选择合适的检索工具

在选择合适的检索工具前，我们要思考："我们需要的这些信息分别是什么种类？"目前，网络检索是我们进行信息检索的主要方式，而在网络中又存在许多检索工具，如众多搜索引擎、免费开放数据库、教学资源库等。我们根据所要检索的信息内容和种类，大致了解每种检索工具的适用情境，选择合适的检索工具。

3. 利用关键字使用工具检索信息

确定信息需求后，将需求或要求提炼出一个或多个关键字，例如"三角函数""演示动画"。在教学资源库或搜索引擎中，输入关键字进行信息检索，得到返回信息列表，选择各条信息进行查看，简单筛选出自己需要的信息。

4. 追溯信息线索，再检索，直至找到满意的信息

在进行信息检索时，我们大多情况下并不能在第一次检索时就找到自己想要的信息。我们可以通过筛选出的信息得到相关线索，例如，在"三角函数""演示动画"的检索过程中，我们发现了一篇教学报道《××学校李老师开发了一款进行数学函数教学演示的应用》，我们就可以去该校的教学网站或公开资源网站上搜索该教师以找到我们想要的资源。

信息检索并不是一蹴而就的过程，而是一个抽丝剥茧、浪里淘沙的过程，需要我们根据所筛选的信息线索不断进行检索的循环，直至找到令人满意的、可以解决我们当前问题的信息资源。

第二节 检索工具：获取信息资源的工具

案例与分析

案例直击

年龄接近50岁的李老师最近正在进行教研课题的申请，但是遇到了令她十分苦恼的情况："我想要申请一个教研课题，但当我开始准备材料的时候，有一个十分现实的问题摆在了我面前，课题申报书的内容需要我查阅许多文献，我一时间不知道该如何做。平时备课的时候，我都是从国家教学资源网站下载相关资料，关于与课题相关的专业内容我又该如何检索呢？从百度里搜索到的信息貌似也不是十分专业。我该怎么办呢？"除了教育专业理论的资源，李老师还需要寻找许多教学案例支持她的研究课题，可这同样让李老师犯了难："如果都用本校老师们的课堂教学案例是不是不具有普遍性呢？如果要寻找不同地区、不同学段、不同课程的教学案例，那我是不是要自己去联络学校老师寻找课例呢？那我要联系多少老师才能找到足够的案例呢？"已经申报过课题的有经验的教师告诉李老师，互联网上有许多非常好的开放案例是可以拿来分析的，问题又回到了原点：李老师除了知道几个学校教学常用的网站和百度，完全不知道如何获取网络上其他优质的资源和相关信息。

❧ 案例诊断

在当前的信息时代，教师可以根据每位学生的差异化情况布置个性化的作业，校园管理者可以利用"校园大脑"通过大数据可视化技术应用实时关注校园里的情况，家长可以通过与学校相连的应用数据关注孩子的学习状态和进度……这是信息时代教育中的几个缩影。当今，信息技术推动着社会各方面的发展，如视频通话、滴滴出行、支付宝、二维码技术等，从衣食住行各个方面改变了人们的生活方式、交流沟通方式，深入地影响了我们的经济发展模式，也潜移默化地影响了每个人的思维方式和思考模式。在这样一个全新的数字化环境中，"信息素养""数字能力"已经成为和"读、写、算"一样重要的社会生存能力，不能适应网络环境就会成为信息时代的"数字文盲"。

在这样高速发展的信息时代，我们需要更多地关注信息方面的问题，我们需要更多地注重信息素养和相关能力的提升。当我们在信息世界中检索信息时，我们不得不使用一些网络检索工具以帮助我们获取更多、更深、更准的信息。其实在我们的生活中有许许多多的网络检索工具，百度搜索引擎就是非常典型的网络检索工具。但在使用过程中，我们也会发现许多问题，百度并不能满足我们所有的信息需求，虽然它已经囊括了非常多的信息，并且还在每天增加和更新，但也无法快速、精确地帮助我们找到工作中所需要的全部信息。我们时常需要一些具有专业性的信息，但在百度这样的全文搜索引擎中，它可能涵盖的内容很多，但并不深入。因此，为了满足我们更加多元化的信息需求，我们需要掌握不同的网络信息检索工具，以帮助我们在信息海洋中更加准确、更加便捷地找到我们所需要的信息。

理论与应用

◎ 理论导航

网络科技的飞速发展给人类带来了前所未有的丰富的信息资源，上到人类上千年的知识文化，下到每天在全世界各个角落发生的事情，在网络世界都有迹可循，我们可以从互联网上检索到我们想要的绝大部分信息。但同时海量和碎片化的信息增加了我们获取有效信息的时间和成本。我们往往在进行信息检索时，寻找有效信息花费了我们大部分时间，漫无目的地在无序的信息海洋中打捞着，常常什么也捞不着，就算我们捞到了一些东西，还要在良莠不齐的信息中进行筛选和评估。在信息海洋中检索自己所需要的信息时，我们也无法对信息列表中的每一条信息进行逐一筛选和评估，这个时候，借助有效的途径和工具在无序的海量网络信息中检索所需信息就显得十分重要。

一、网络信息检索工具是什么？它具有什么样的特征？

网络信息检索工具其实就是指在因特网上提供信息检索服务的计算机系统，而检索的对象大都是分布于网络信息空间各个角落中各种类型的网络信息资源。[1] 网络信息检索工具具有以下几个显著的特征：[2]

1. 信息检索服务是开放的

因特网这个大型的复杂网络系统中所包含的软件应用、检索工具、信息资源、相关服务对于我们每个人都是开放的，我们可以通过网络获得我们想要的检索服务。

---

[1] 百度百科. 网络信息检索工具 [EB/OL]. https：// baike. baidu. com/item/网络信息检索工具/12747146? fr=aladdin.

[2] 谷琦. 网络信息资源组织管理与利用 [M]. 北京：科学出版社，2008.

2. 以超文本为基础的多链接性

在网络中，每个信息都位于网络的不同位置，而以超文本技术为基础的链结构可以将位于各个不同地方的相关信息联系起来，形成"信息链"或者"信息流"。超文本链接就像在网页中安插了一个又一个的"时空之门"，我们可以通过点击这些文字、图片的链接打开这扇门，随时穿越到位于世界上任何地点的相关信息中。

3. 网络信息检索工具操作的简易性

大多数的网络信息检索工具采用 C/S（Client/Server）结构，简单来说，我们作为用户，向服务器发出信息检索的请求，服务器同意请求，并向我们返回检索到的信息列表。据统计，我们获取信息 70％—80％靠视觉，20％靠听觉，10％靠触觉，对我们而言，图像的表达更加生动，让我们能更好地获取信息。网络检索工具大多通过交互式的图形界面，对我们而言，图形界面更加容易操作。网络信息检索工具也使网络信息资源能够广泛地深入学校、办公室和我们每一个人身边。

二、网络信息检索工具有哪些种类？

在网络中进行信息检索的有效工具大体上可以分为两种类型：搜索引擎和数据库。

1. 搜索引擎

第一种就是我们在日常生活和学习中最常使用的搜索引擎。搜索引擎是通过一定的算法和背后的规则设置（相关性、点击率）等，提取我们的信息需求，通过对网络上的资源进行组织和处理，帮助我们进行信息检索，返回相应信息列表的相关系统。网络上的信息浩瀚无垠，而且毫无秩序地分布在各个地方，所有的信息就像是汪洋上的一个个孤岛，而我们之前所讲的超文本链接就是这些小岛之间纵横交错的桥梁，搜索引擎则像是为我们绘制了一幅一目了然的信息地图，可以方便地随时供我们查阅。其实，在我们看来，一般的搜索引擎都包含一个搜索框的页面，在搜索框中输入我们的信息需求，通过浏览器提交给搜索引擎后，搜索引擎就会返回跟用户输入的内容相关的信息列表。搜索引擎有许多种类，如：

（1）关键词全文搜索引擎

最常见的就是国外的 Google 搜索引擎和国内的百度搜索引擎，相信在大家的生活中经常出现这样的场景："咦，PPT 轨迹动画怎么做来着？我百度一下吧。"这类全文搜索引擎主要依靠我们输入的关键词进行检索，在互联网上寻找与我们输入的关键词相关的所有网页内容，将检索到的结果以超链接列表的方式返回。通过点击相关的链接，我们可以进入对应的网站，然后找到我们所需要的信息。一般情况下，与我们输入的关键词匹配的相关度越高的链接，就会在列表中排在越前面的位置。

（2）分类目录搜索引擎

国外常见的分类目录搜索引擎是 Yahoo 搜索引擎，国内常见的分类目录搜索引擎是搜狗搜索引擎、新浪搜索引擎。虽然从我们的使用角度来看，这类搜索引擎也可以帮助我们完成"检索"的行为，但是从严格意义上说，分类目录搜索引擎并不能成为真正的搜索引擎，因为分类目录搜索引擎背后的运行原理是：通过人工的方式将互联网上的所有信息进行收集和分类，并且逐级地编入相应的目录中，我们主要通过点击层层相应的目录，找到我们最终所需要的信息。这个搜索引擎从原理来看，并不具备"检索"的功能。分类目录搜索引擎因为需要人工进行信息的收集和分类形成目录，在检索系统中加入人类的智能，所以检索的信息会更加准确且目录导航的质量更高，但是也正因如此，人工的介入使得系统后台的维护量变大，并且人工进行信息采集使得信息量相对较少，也无法确保信息可以进行及时的更新。

（3）垂直搜索引擎

这类搜索引擎主要针对某个专业领域或者行业的相关信息集合，专业性和针对性都更强，如一些股票证券、教学资源、艺术设计等搜索引擎。垂直搜索引擎与关键词全文搜索引擎最大的不同就是针对某个特定领域的特定人群提供高质量的信息检索和相关服务，特点就是"专、精、深"，具有行业色彩，比关键词全文搜索引擎和分类目录搜索引擎都更加专业、具体和深入。

2. 数据库

第二种网络信息检索工具就是数据库，主要帮助我们进行专业学习和文献检索。网络全文数据库是以期刊文章的全文为数据库对象，并在网上提供全文检索服务的数据库，按数据库的生产机构，可以分为出版商全文期刊数据库和生产商全文期刊数据库[1]。出版商全文期刊数据库主要是期刊出版单位在其出版的印刷期刊基础上所建立的网络期刊全文数据库，例如，《中小学信息技术教育》《电化教育研究》等期刊所建立的在线全文数据库。生产商全文期刊数据库则是数据库的生产商根据一定的主题或一定的收录范围，整合一定数量的期刊出版物而产生的全文数据库，例如，中国学术期刊全文数据库、中国知网数据库等。

❀ 行动研修

对于搜索引擎的使用，想必不论是在日常生活中，还是在学校教学中，我们都已经非常熟悉了，可以通过搜索引擎找到自己想要的信息。那么，在接下来的这个部分，我们将主要讲解与教师教研息息相关的常用数据库和数据库的使用方法，希望可以对各位教师的科研起到帮助，也希望更多的教师加入教研的队伍，通过对日常教学经验和教学规律的观察和总结，将自己的发现与相关教育原理结合，解释教学现象，解决教学中的问题，与全国的优秀教师一起分享自己的心得体会，从而创造一个教师学术共同体，大家一起学习，一起进步。

常用的文献检索工具

常用的标准文献检索工具有：中国知网（CNKI）国内外标准文献数据库、万方数据库下的中外标准文献数据库、维普中文期刊全文数据库，在这三个数据库进行检索可以获取全文。知网除了期刊文献，还包括博士、硕士论文和报纸资源，同时除中文期刊外，还包含部分外文期刊，期刊类型综合性强，覆盖范围较广；万方则重点收录科技部论文统计源的核心期刊，收录的文献质量比较高，内容主要以科技信息为主，兼顾人文社会科学；维普则几乎囊括了国内全部的出版物，包含一些地方性的期刊和非正式发行的刊物。

---

[1] 依米娜·克里木. 浅谈网络信息检索的现状及其发展趋势 [J]. 电子世界，2013 (16)：15.

　　常用的英文文献检索工具有：SpringerLINK，提供了 439 种学术期刊（近 400 种为英文期刊），偏向于理工科，按学科分为 12 个"在线图书馆"，包括生命科学、医学、数学、化学、计算机科学、经济、法律、工程学、环境科学、地球科学、物理学与天文学；ScienceDirect，这个数据库出版的期刊大多是世界公认的高品位学术期刊、核心期刊，涵盖了数学、物理、化学、生命科学、社会科学、计算机科学等学科；Wiley InterScience，该数据库收录了 360 种教育学、心理学、科学、工程技术领域及相关专业期刊，近 200 种核心期刊；Web of Science，包括科学期刊引文索引 SCI、社会科学期刊引文索引 SSCI、人文与艺术期刊引文索引 A&HCI 及会议文献引文索引 CPCI 等。除了专业数据库，我们还可以运用谷歌学术、百度学术、超星发现等工具下载文献。具体并没有哪一种文献检索工具更好，我们需要在应用中找到自己趁手的工具。

如何使用文献检索工具去获取我们想要的文献全文信息呢？

　　接下来我们以中国知网（https：//www.cnki.net）为例，以"核心素养"为主题进行文献检索。

1. 文献检索

　　首先，我们先明确我们所要检索的文献的主题，打开知网，在网页的搜索框中输入"核心素养"。在搜索框下可以选择所要检索的内容的类型。在搜索框前还可以选择搜索的依据，如主题、关键词、篇名、全文、作者等。然后点击 🔍 图标进行检索，如图 2-3、2-4 所示。

图 2-3　主题检索

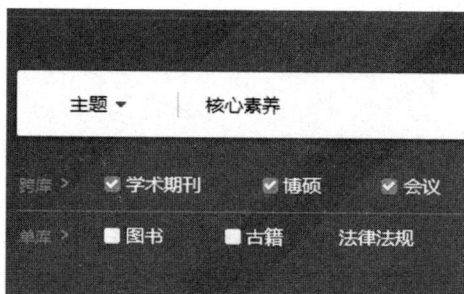

图 2-4　文献检索

2. 文献阅读

接下来，我们就得到了图 2-5 这样的列表。在文献列表上方，我们可以依据相关度、发表时间、被引、下载等进行升序或降序排列，其中通过被引和下载可以找到这个领域比较核心的文献资料。此外，在文献列表上方我们还可以选择筛选中文文献或是外文文献，并对列表的显示内容和显示数量进行一些调整。当我们想要阅读其中一篇文献时，可以点击文献题目进入阅读，或点击每一篇文献后的 HTML 进行网页阅读。

图 2-5　检索文献列表

3. 文献下载

最后进行下载的时候，第一种方法：可以勾选文献前的选择框，在文献列表上方可以看到已选文献，点击"批量下载"下载文献，但需要注意这种方法下载的是文献列表，需要下载 CNKI "知网研学" PC 端应用进行原文查看。

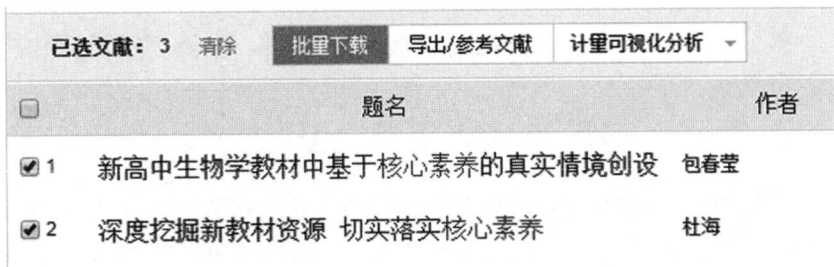

图 2 - 6　批量下载文献

　　第二种方法：点击所需下载文献的名字，进入页面后选择"CAJ 下载"或"PDF 下载"。注意 CAJ 格式需要下载 CAJ 阅读器或者是上述的"知网研学"应用。这两种方法之间的差别是，第一种方法可以批量下载所需文献，第二种方法可以选择下载文献的格式。大家可以根据自己的情况进行选择。

图 2 - 7　文献下载

4. 其他功能

　　除了上述下载文献的流程，知网还具有其他功能供大家探索，例如，可以通过"出版物搜索"检索出版物期刊，通过关注相关教育教学的出版物，了解教育前沿话题和大家的体会经验，以促进我们的课堂教学。

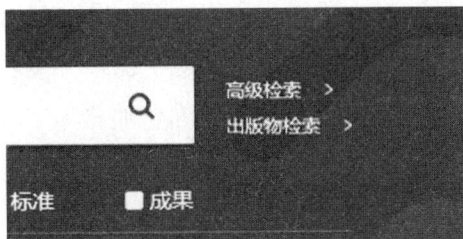

图 2 - 8　出版物检索

第三节　网络资源：良莠不齐的海量资源

案例与分析

案例直击

　　一位教师上完一节展示课后在自己的总结中写道："在准备展示课的过程中，花费时间最多的就是资源的开发部分。由于课程设计需要一个微课视频让学生进行自学，但我在网络上或资源库中找了很久都没能找到特别符合教学内容的视频，因此只能自己做。可是自己没有任何关于制作微课视频方面的知识，只能一边请教学校的信息技术老师，一边自己在网络中找教程学习怎么制作，最后终于完成了微课视频的制作。虽然展示课取得很好的效果，但准备的过程太艰难了，尤其是资源的制作方面。"网络上存在各种各样的教学资源，这些资源可以帮助教师更好地理解教学内容，可以帮助教师进行更加深入的讲解，以支持教育教学。但教师总面临以下难题："在网络上进行搜索的时候，我总是找不到自己想要的教学资源""我不知道该如何用网络检索教学资源"……因此，如何搜索网络教学资源就成了教师必备的一种非常重要的能力。

案例诊断

　　随着教育信息化的不断深入，信息化的网络教学资源成为教师日常教学中必不可少的辅助性工具，掌握信息化资源的简单开发技能也逐渐成为教师必备的技能。然而在教学实践中，很多一线教师从未学习过信息化资源开发方面的知识，总是不得不麻烦信息技术教师帮忙设计教学资源，或者花费很大的精力自己制作，同时很多教师对信息化资源的使用非常头疼，以传统的理念去使用新型的资源，导致难以发挥出信息化资源本身的优势。

　　国家高度重视数字教育资源开发与应用，《教育信息化"十三五"规划》

中提出"优质数字教育资源服务基本满足信息化教学需求和个性化学习需求"的发展目标，《教育信息化 2.0 行动计划》中提出："实施教育大资源共享计划。拓展完善国家数字教育资源公共服务体系，推进开放资源汇聚共享，打破教育资源开发利用的传统壁垒，利用大数据技术采集、汇聚互联网上丰富的教学、科研、文化资源，为各级各类学校和全体学习者提供海量、适切的学习资源服务……"

因此，如何设计与开发教育信息化资源，如何有效使用信息化资源以发挥其优势来辅助教学，是每位教师都必须要掌握的基本技能。

理论与应用

◎ 理论导航

教师是整个教学过程的关键，与学生的成长息息相关。教学资源平台将优质教育资源集中，方便所有师生和社会公众选择并获取优质资源和服务，使学生可以通过网络自主学习最优质的课程，掌握学习的主动权[1]。网络教育资源在中小学基础教育中的运用，不仅有利于提高教师的教学效率，提高学生的学习积极性，还有利于优化教学的质量，更是推进教育信息化变革的重要力量。现在只要连接网络，不管是教师还是学生都可以轻松地获取网络系统中的优质资源，这种形式解决了教育资源不足的问题。因此，对网络教学资源的检索能力是信息时代教师所应具备的基本能力。

一、网络上有哪些教学资源？

如果将网络教学资源进行分类，其主要应该分为以下几种类型[2]：

（1）媒体素材资源。随着教育信息化在教育教学中的发展，媒体素材资源已经成为日常教育教学中必不可少的资源。在日常的教学中用到的多媒体素材大致可分为文本类素材、图像类素材、视音频类素材及动画类素材。

---

[1] 何克抗. 关于中国特色教育技术的自主创新 [J]. 现代远距离教育，2011（01）：12—20.
[2] 邵斌. 校级资源库建设的几个方面 [J]. 南京师大学报（自然科学版），2002.

（2）教学素材资源。主要包括教师进行备课和制作课件的时候所需要的一些参考资源，如教案、教辅资料和教学案例等。

（3）题库。题库其实是在电脑中实现的各个学科题目的集合。题库中可以有多种不同类型的题目，如单选、多选、判断、排序、填空、简答等。

（4）试卷素材。主要包括各个学科相关试卷的集合。

（5）课件与网络课件。主要是对学科知识内容进行系统性表述的课件资源。

（6）网络课程与学科网站。例如，现在很流行的 MOOC、SPOC 等课程。

（7）科研资源。包括相关文献资料、会议信息、国家政策制度、学术期刊、优秀论文等。

（8）软件资源。囊括了教师进行教学分析、教学设计、教育资源开发、教学评价等和学生进行学习所使用的各类软件应用，如 PowerPoint、Flash、SPSS、Photoshop 等。

（9）文献资料。主要是指教育方面的相关国家政策、法规、条例和规章制度，以及对于重大事件的相关记录等。

（10）常见问题解答。也就是网络上的优秀教师或专家学者对教育教学中的常见问题进行解答。例如，百度知道、知乎等常见平台中的问题解答。

（11）案例。例如，在教学平台上作为典型教学案例共享的相关资源。

（12）资源目录索引。总结和罗列相关资源的链接和索引目录。

二、网络教学资源有什么特点?

网络教学资源的常见特点主要包括多样性、共享性、互动性、扩展性、再生性。主要内容如下[1]：

1. 多样性

教育信息化资源的多样性一方面是指资源类型多样性，我们可以将教育信息化资源概括为数字化教育内容、数字化教育工具及数字化教育平台三类，

---

[1] 万力勇. 数字化学习资源质量评价研究 [J]. 现代教育技术，2013，23（01）：45—49.

学习者可根据不同学习场景、不同学习目标及不同学习风格选择合适的资源帮助学习；另一方面是指信息内容呈现方式的多样性，资源以多种形式呈现，极大地丰富了信息内容的表现力，带给学习者更为丰富的学习体验。

2. 共享性

信息化资源的共享性是指支持教育资源的传递与共享。借助于网络，我们可以让信息化资源打破时间和空间的限制进行传递，实现与他人共享资源的目的。

3. 互动性

互动性是指信息化资源有助于加强师—生、生—生以及师生—资料的互动。教育信息化资源的双向传递及反馈功能使学习者之间、学习者与学习内容、学习者与教师之间的互动更为便捷和有效。

4. 扩展性

扩展性是指允许对教育资源进行横向或纵向的精加工，以满足不同教学目标与教学内容的需求。不同于纸质资料，信息化资源支持对资料内容进行再编辑和修改，以满足不同教学目标的需求。

5. 再生性

教育信息化资源的再生性是指使用者可以利用信息技术对教学资源进行整合和二次开发。教育信息化资源的开发是一项费时费力的工程，再生性能确保资源得以更大限度地发挥其本身价值。

三、选择网络教学资源遵循什么原则？

现今教学资源素材种类繁多、数量庞大，但并不是任意一种类型的资源都能满足所有教育活动设计的需求。各类型资源素材无明确的好坏界限，不同的活动设计需要获取的资源素材各不相同，但如何选取合适的素材、选取什么资源素材也无明确的标准。为解决这一问题，我们可以依照以下几个原则对素材进行选取。

1. 活动设计的不同取向

在对资源进行选择时，我们首先要把握我们进行教学活动的核心目标是什么，明确活动设计的主要取向，进而选择合适的资源以支持学生们对学习目标的达成。

2. 对学习对象的了解

我们要明确的是，教育活动的主体是学生，教师处于主导地位，因此在开展教学活动时一定要以学生为中心，同理，在进行教学资源的选取时也要关注学生们的心理和生理的主要特征，考虑学生的认知负荷，在把握学生的学习特征和生活经验的基础上对教学资源进行选择，使学生头脑中已有的知识经验和新的教学资源发生冲突和碰撞，进而促进学生的学习。例如，在选择教学资源时，我们应考虑：

- 学生的已有知识经验是什么？
- 学生可能关注的内容是什么？
- ……

3. 对资源的认识与理解

在把握教育教学活动的核心目标及对学生的心理与生理特征进行了解之后，我们还需要对资源本身有深入的理解，这样才能清楚地知道不同类型的教学资源各自独有的特征，以及在什么情境下可以使用不同的教学资源，并且预估其在不用类型的活动中可能发挥出的作用，多方平衡后才能选择合适的资源，最大化地发挥教学资源本身的作用，为教育教学服务。

❋ 行动研修

我们如何进行网络教学资源的检索呢？

1. 了解与收集教学信息

在进行备课时，我们可以通过互联网搜索其他教师对于相关内容的设计思路、教案、教学活动设计等，以此来不断完善我们对于教学的设计；我们还可以收集其他教师对这节课所进行的教学反思，以此来提醒我们在这节课的教学设计过程中需要重视和避免的问题。

（1）搜索基本教学信息

我们只需要输入教学内容，如"植物细胞结构与动物细胞结构"，就可以直接通过浏览器进行搜索，就可以获取其他教师对于这节课的教学目标、教学重难点、教学内容、教学活动、教学评价等各方面的设计。如果我们需要的是特定的教学信息，也可以进行更加细致的搜索，如"DNA 结构教学法""显微镜的使用教学活动"等。

（2）搜索与教学内容相关的前沿信息

在高中化学的相关内容讲解中，如石墨烯结构的相关讲解，教师可以通过互联网搜索石墨烯材料在超导领域、手机制造领域等方面的前沿研究和应用，帮助学生们进一步了解石墨烯的化学和物理特性。

（3）搜索针对教学扩展与课后练习的信息

在教学过程中，我们往往需要给学生们留一些课后练习或者扩展资源使其进行深入学习，我们可以在互联网上搜索相关主题的内容进行扩展，也可以指定相关主题，要求学生在课后进行主动学习和整理，并在下一堂课上进行分享。

2. 获取相关的教学资源

教师在进行备课、课堂上课、课后扩展时，可以通过互联网进行多种类型教学资源的获取，例如，在进行洋葱表皮细胞结构的讲解时，教师可以检索相关图片资源，帮助学生更加直观地了解洋葱表皮细胞结构；在进行动量守恒定律讲解时，教师可以在网上检索多辆小车碰撞时的演示视频，帮助学生进行动量转换相关过程的理解；在进行《岳阳楼记》古文讲解时，教师可以检索文学大师对于课文的解读文字，帮助学生们深入理解范仲淹在写此文时的心境和感受；在讲解析几何的相关题目时，教师可以寻找合适的动画资源，帮助学生们更加全面地进行三维空间的几何体的构建。[1]

---

　　[1] 吉喆. 打开互联网教学资源之门：网络时代教师必备 ICT 技能之信息检索篇 [J]. 信息技术教育，2007（02）：55—59.

第四节　优质教学资源：课程的外援支持

案例与分析

案例直击

　　小夏老师是一位刚刚入职的小学数学教师，凭借着本科期间师范生的试讲训练，小夏老师以扎实的讲课功底在面试时打动了学校的领导和教师们，顺利入职。但因为本科所接受的师范生教育只是停留在简单的训练、短期的见习和实习层面，所以小夏老师其实还不了解作为一名教师的日常工作，一切都处于逐渐适应的过程中。不过，最近小夏老师在讲授"展开图""体积"等课程时，发现有些学生的空间想象力并不强，因为没有亲自剪开过立方体，所以对于锥体的侧面展开图、正方体沿棱线剪开后的几种展开图都很难理解。这个时候，小夏老师就想到可以通过动画的形式把多种立方体进行仿真模拟，除了帮助学生理解需要学习的内容，还可以帮他们进行拓展，看看其他三维立方体的展开图都是什么样的，让学生们通过这样的方式加深理解。可是，明天就要上下一堂课了，时间不允许小夏老师自己制作一个动画，从网络上又搜不到合适的资源，小夏老师还不了解可以从哪些网站下载优秀教师共享的资源。这时候，一个经验丰富的数学老师把常用的一些资源网站、微课视频网站、案例共享网站都分享给了小夏老师，这才解了小夏老师的燃眉之急。

案例诊断

　　随着科技的发展，智能手机等电子设备已经不可或缺，通过视频课程、学习平台等进行零存整取式的碎片化学习成为学习者学习的重要方式。"未来已来"，人工智能技术在不断发展，信息化社会已经来临，人类的学习方式也在不断进化，在教育教学设计中，采用数字化学习资源推动教育信息化变革，已然成为教育改革的主旋律。多媒体时代的教学依赖于 PPT、图片、视音频等多媒体资源，而如今 VR、AR、MR 等智能技术和流媒体、动画等富媒体资源不断融入教育，加强了学习者的沉浸感和交互性，丰富了学习资源的多元性。

理论与应用

◎ 理论导航

一、网络教学资源有哪些？

基于不同组织及学者对教学资源类型的划分，结合我国对教学资源的政策标准与教育实践中教学资源的使用情况，我们可以将教育信息化网络资源概括为数字化教育内容和数字化教育工具两类。

1. 数字化教育内容

数字化教育内容是指可供教师或学习者浏览、阅读，并可从中获取知识的数字化资源。其中，数字化教育内容又可划分为两种：一种是素材型教学资源，主要包括文本、图像、视频、音频及动画等媒体素材；另一种是复合型教学资源，也就是根据特定教育目标对多媒体素材进行有效组织后而生成的教学资源，主要包括多媒体课件、教学案例、试题库、教育游戏、虚拟仿真实验等[1]。

2. 数字化教育工具

数字化教育工具是指教师或学习者在教学过程中使用的学习类软件。数字化教育工具种类繁多，存在多种分类标准，如可根据软件功能类型将其分为互动型软件和学习型软件，包括语言类教育软件、识字类教育软件、计算类教育软件、兴趣类教育软件、思维扩展类教育软件、游戏类教育软件等；还可以按照适用科目将其划分为语文类、数学类、英语类等教育软件。

教育信息化资源的分类及相应内容如表 2 - 1 所示：

---

[1]　朱红忠. 信息化教学资源的开发与应用探索 [J]. 职教通讯，2013 (12)：73—74，80.

表 2 - 1　教育信息化网络资源内容

类型	包含内容	举例
数字化教育内容	素材类教学资源	文本、图像、视频、音频及动画等媒体素材
	复合型教育资源	多媒体课件、教学案例、试题库、教育游戏、虚拟仿真实验等
数字化教育工具（以软件功能划分）	互动型软件	Plickers、Padlet、UMU 平台等互动工具
	学习型软件	几何画板、思维导图、英语趣配音、我爱识字、五子棋等学习软件

二、网络信息资源的平台特点有哪些?

1. 丰富的备课资源

平台资料丰富，包括试卷、课件、教案、微课等多种资源，涵盖高中、初中、小学各学科（不包含音乐、美术等实践类科目）多个教材版本。资源主要为视频、音频、图片和文本，也有解题方案等其他资源，解决了教师需要相关资源时，在上亿搜索结果中大海捞针的难题。

2. 一站式管家服务

这类平台可以为提高教师的教学质量提供有效支持。平台基于教师线下丰富的教学经验，采用各种技术为教师提供在线备课、协同备课、在线组卷、作业管理、练习测评等服务，为学生提供丰富的在线学习体验，如实时在线互动教学、电子随堂讲义、全面科学的学习测评等，为教师提供及时的反馈信息、丰富的教学资料，并为学生的学习和发展提供更加专业和有效的指导。[1]

❀ 行动研修

现今，各种信息化教育平台层出不穷，为师生提供了大量的数字教育资源。现有的教学资源平台大致有两种，一种是综合所有教学资源的平台，另

---

[1] 刘向永. 翻转课堂实操指南 [M]. 长春：东北师范大学出版社，2016.

一种则是专门的资源平台，如专业课件平台、某学科专用资源平台等。专门的资源平台有微课网（www.vko.cn）、英语教师网（www.ewteacher.com）、中学课件网（kj.zxxk.com）等，教师可以根据自己的需要前往了解，这里我们主要分享几个综合知识类资源平台和微课视频类资源平台。

一、综合知识类资源平台分享

【国家教育资源公共服务平台】

国家教育资源公共服务平台是由中国电化教育负责的、由各级教育资源公共服务平台即各类资源，按照统一标准规范，通过体系的枢纽环境连接而成的平台。平台旨在向各级各类学校提供各种教学服务和教育教学资源，以实现教育的均衡发展。图 2-9 是该平台的网页版主页。教师可以利用该平台获取教学所需要的优质资源，实现通过网络进行备课、通过网络进行答疑和布置作业等各个教学环节。学校能够根据平台上较适合学生的各种活动反馈，及时跟进和调整教育教学，实现教学效果的最优化。

图 2-9 国家教育资源公共服务平台主页

资料链接：国家教育资源公共服务平台主页
http：//www.eduyun.cn

【学科网】

学科网平台内的资源覆盖小初高阶段全年级、全学科、全教材版本，资源种类包含视频、试卷、素材、课件、教案等，以满足不同地区、不同用户的各类教学需求。目前，数百所学校与学科网进行了签约合作，包括全国众多百强学校、各省重点学校等。图 2 - 10 是学科网主页。

图 2 - 10　学科网主页

资料链接：学科网网址

http：//m.zxxk.com

【贝壳网】

贝壳网是顺应教育信息化趋势而产生的精准教育互动平台，面向教师、学生、家长，聚集了海量的优质教育资源和教育信息化产品，助力教师轻松备课、出色教学，学生高效学习、全面发展，让教育变得更加简单、科学、高效。它是一个针对中小学教学备课资源的平台，海量的教学资源节省了教师的备课时间，优课大师让教师的教学手段更加丰富，同时贝壳网提供科学的分层教学方案，让学生真正体会"因材施教"的乐趣。图 2 - 11 是贝壳网主页。

图 2 - 11　贝壳网主页

资料链接：贝壳网网址
https：//www.bakclass.com

网页版　　　　　　安卓版/苹果版扫描下载

二、微视频类资源平台分享

【可汗学院】

国外最具影响力的微视频资源网站是可汗学院（Khan Academy）和TED-Ed。可汗学院通过在线视频向全世界的学习者提供免费的教育资源，它的宗旨是对全部年龄段的学生通过教学视频的形式进行大规模的免费授课，帮助学生们深入理解学习内容，可以在家通过网络进行学习。

资料链接：可汗学院网址

https：//www.khanacademy.org

【TED-Ed】

对于 TED（Technology Entertainment Design），大家应该都很熟悉，它是一个通过演讲的方式面向大众进行技术普适化教育的平台，而 TED-Ed 是 TED 旗下面向教育者的子平台，课程包括 32 个主题，涉及各个学习层面和领域的内容，课程涉及艺术、教育教学、艺术教育、心理学等多个领域。这个平台有优秀教育者提供高质量的内容、后期动画师提供精致的展示画面，希望可以通过这些精致的教学视频，向全球教育者传播更加有价值的内容。

资料链接：TED-Ed 网址

http：//ed.ted.com

【英国教育视频库】

英国教育视频库（Teachers TV）主要是面向英国教师的视频平台，为中小学的英语教师们提供优质素材，帮助他们提高教学技能。学校教学管理和学科教学内容的相关视频都被囊括在这个平台中，该平台的面向对象不仅是教学者，还可以是教育管理者。

资料链接：英国教育视频库网址

https：//www.tes.com

【Watch Know Learn】

Watch Know Learn 是一个美国中南部的非营利组织，平台内收录了近 50 000 个教育视频。该平台最大的优势是，无论是在课堂教学的教师，还是在家中辅导的家长、正在学习的学生，不用注册就可以在任意时间免费观看教育视频。

资料链接：Watch Know Learn 网址

http：//watchknowlearn.org

【中国微课网】

国内最知名的中小学微视频资源网站是中国微课网，它是教育部教育管理信息中心主办"中国微课大赛"的平台，同时提供翻转课堂课题研究、翻转课堂教学平台试用和教师专业培训等相关版块内容。中国微课网所展示的微课资源涉及从小学到高中的各个年级，微课作品涉及中小学阶段语文、数学、英语、政治、历史和信息技术等多个学科，目前已有四万多个视频资源。

资料链接：中国微课网网址

http：//dasai.cnweike.cn

【微课网】

微课网是一家教育社区网站，主要面向中学生进行教学，内容主要是由北京各中学名师设计的精品微课程。该网站希望通过网络在线教学视频，构建全面的、系统的、有逻辑的初中或者高中的学科知识体系，通过微课教学、课后内容检测、课后问答等多个环节，帮助学生真正地实现高效的在线自主学习。

资料链接：微课网
http：//m.vko.cn

第五节　信息泛滥：信息洪流中的大问题

案例与分析

案例直击

信息技术课程的周老师最近浏览网页的时候，看到了这样一篇文章：

《专注：如何应对信息泛滥的当下》一书中写道："很多人是信息更新的奴隶，这些对更新的寻求消耗了太多的时间……保持专注的困难在于成瘾、填补情感需求、恐惧、渴望。""信息疫情"（infodemic）一词出现在 2020 年 2 月 2 日世界卫生组织关于新型冠状病毒肺炎的疫情报告中。该报告指出：伴随着新型冠状病毒肺炎的爆发和防控，出现了一场大型的"信息疫情"，即信息泛滥（an overabundance of information）。关于新型冠状病毒肺炎的信息，有的真实准确，有的虚假，各种信息泛滥，令我们难辨真伪。这使得人们在需要信息的时候，因很难找到可信的信源和可靠的指导而变得无所适从。信息泛滥对有效信息的裹挟甚至淹没，将干扰乃至遮蔽通向正确的道路。世界卫生组织（WHO）数据内容管理者安德鲁·派特森（Andrew Pattison）指出："关于病毒的虚假信息传播速度比病毒快，虚假信息已经进入人们的生活之中，且其对人类的影响比病毒自身所产生的影响还要大。"因此，关于新型冠状病毒肺炎的信息泛滥所带来的危害不容小觑，必须高度重视信息疫情，对信息疫情的有效防控是疫情防控必须应对的一个核心问题。[1]

　　周老师不由想起了之前曾经有人在网络上造谣称当地要地震，害得大家凌晨两点多聚在楼下，甚至好多人把自己家的电器都搬了出来，一场闹剧最终被证实是由网络谣言所引起的。前几天在给学生们讲授《遨游因特网》这节课的时候，周老师把网络打开，让学生自己操作体验检索信息，但在学生进行练习的时候，突然有学生举手，周老师本以为可能是学生遇到了什么问题来请教自己，但走过去才发现，学生检索到的网页的左右两侧都有一些少儿不宜的广告，甚至还会弹出色情信息的窗口。这是一个很严重的问题，之后周老师在讲这节课的内容时，再也不敢打开网络了，只是让学生们用学校的局域网在学校网站上简单地进行检索信息的操作和体验。

🦋 案例诊断

　　大数据的信息时代一方面给我们带来了更多的信息选择，拓展了我们的信息领域，更新了信息媒介，为我们的生活提供更多的信息参考，帮助我们充实自己；另一方面，数据量的飞速增长和信息爆炸将我们置于信息洪流中，在这洪流中也暗藏了许多虚假的、污秽的信息。在信息泛滥的时代，信息和数据就像是泡沫一般，在阳光下闪闪发光，那光芒吸引着我们相信，可当我们走近时，它们一戳就破，一吹就散，经不住任何的思考和推敲。真真假假、假假真真，我们急需在这个信息泛滥的时代练就一双火眼金睛，透过虚假的泡沫，直达真相的本质。

　　教师，这个特殊的社会人群，承担着不同于其他人的责任和义务，引导着祖国花朵的成长。信息泛滥不仅是对成年人的考验，也是对孩子们的巨大挑战。如果教师无法意识到信息泛滥给我们生活造成的影响，那么他们又要如何引导学生们规避虚假信息呢？如果教师无法在信息泛滥的时代保持思考，那他们又如何培养学生的信息意识和信息素养呢？况且大量无关信息的涌入，也增加了教师的认知负荷，应对信息泛滥刻不容缓。

---

　　[1] 闫宏秀．"信息疫情"的数据伦理学应对 [EB/OL]. http：// ma. sjtu. edu. cn/theory/view/747.

理论与应用

◉ 理论导航

一、什么是信息泛滥？

信息泛滥是指在信息爆炸性增长的过程中，人们所接收到的信息量远远超过自身可以处理的阈值，使得人类在信息海洋中承受过度的信息冲击和巨大的压力的一种非正常化的状态。而产生信息泛滥的主要原因是：随着科技、经济、社会的飞速发展，全球化的稳步进行，人类社会日常所产生的信息已经呈现指数增长。若放在古代，人们即使拥有大量的信息，也苦于没有传播途径，可当前由于网络技术的飞速发展，人们可以"足不出户尽知天下事"，信息的传播路径被大大缩短，传播速度提高。我们每一个社会个体处在繁杂的信息中，面对着我们已经无法处理的信息，会产生很迷茫的状态，在短时间内接收超过自己认知负荷的信息，使得我们饱受压力。[1]

我们需要明白的是，我们的大脑经过进化已经达到了很稳定的状态。我们面对大量信息时，如果没有将这些信息进行处理，就会造成大量的信息资源的浪费；可是在这样庞杂的信息里去寻找我们所需要的信息，又会耗费我们大量的时间和精力，使得我们的信息处理效率和工作效率大大降低。而且，更为严重和可怕的是，许多人在面对如此大量的信息时，无法分析，无法处理，无法简化，使得他们在短时间内接收数量过于庞大的信息，远远超过自身的信息处理能力，加大他们的认知负荷，也使得他们承受着巨大的心理压力，以至于患上更加严重的"信息病"。[2]

认知负荷

认知负荷理论假设人类的认知结构由工作记忆和长时记忆组成。其中工作记忆也可称为短时记忆，它的容量有限，一次只能存储 5—9 条基本信息或

---

[1]　MBA 智库. 信息泛滥 [EB/OL]. https：// wiki. mbalib. com/wiki/信息泛滥.

[2]　许莹莹. 信息危机成因及对策分析 [J]. 农业图书情报学刊，2009（02）.

信息块。当要求处理信息时，工作记忆一次只能处理两到三条信息，因为存储在其中的元素之间的交互也需要工作记忆空间，这就减少了能同时处理的信息数。工作记忆可分为"视觉空间缓冲器"及"语音圈"。长时记忆概念于1995 年由 Ericsson 和 Kintsch 等提出。长时记忆的容量几乎是无限的，其中存储的信息既可以是小的、零碎的一些事实，又可以是大的、复杂交互的、序列化的信息。长时记忆是学习的中心。如果长时记忆中的内容没有发生变化，则不可能发生持久意义上的学习。[1]

在认知心理学中，认知负荷是指工作记忆资源的使用量。认知负荷理论将认知负荷分为三种类型：内在负荷、外在负荷和相关负荷。内在认知负荷是指与特定主题相关的努力，外在的认知负荷是指信息或任务呈现给学习者的方式，相关的认知负荷是指创造一个永久性的知识存储或图式的工作。认知负荷理论是在 20 世纪 80 年代末由约翰·斯威勒（John Sweller）在解决问题的研究中发展起来的。Sweller 认为教学设计可以用来减少学习者的认知负荷。后来，其他研究人员开发了一种方法来测量感知到的精神努力，这证明了认知负荷的存在。任务激发的瞳孔反应是对与工作记忆直接相关的认知负荷的可靠而敏感的测量。信息只有在第一次被工作记忆关注和处理之后，才能被存储在长期记忆中。[2]

然而，工作记忆在容量和持续时间上都极其有限。在某些情况下，这些限制会妨碍学习。沉重的认知负荷会对任务的完成产生负面影响，需要注意的是，认知负荷的体验对每个人来说都是不一样的。老年人、学生和儿童的认知负荷不同，而且往往更高。

认知负荷理论的基本原则是，如果更多地考虑工作记忆的作用和局限性，教学设计的质量就会提高。随着注意力的分散，尤其是使用手机，学生更容易经历高认知负荷，这可能会降低学业成绩。

---

[1] 百度百科. 认知负荷理论 [EB/OL]. https：// baike. baidu. com/item/认知负荷理论/6650032？fr＝aladdin.

[2] 王奕. 基于认知负荷理论的高中英语写作教学研究 [D]. 上海师范大学，2018.

二、为什么会产生信息泛滥?

信息泛滥产生的直接原因是经济发展、科技进步、社会结构复杂化。同时，媒介对信息分类、整合能力的欠缺使得信息泛滥如同洪水一般将万千受众淹没。

1. 经济的跨越式发展是信息泛滥产生的基本背景

经济的跨越式发展促进了社会生产各个环节的信息沟通交流，经济的发展推动商业的发展，使得社会中产生了大量的信息，媒体的多方报道也使得信息的传播超出了大众所能接受的范围，进而引发了"信息洪流"。几十年前，人与人之间的信息流通是单向的，或者是通过一小部分人进行二级传播，可是如今，信息流通速度大大提高，二级传播也早已变为 N 级传播，我们已经从"信息匮乏"走向了"信息泛滥"时代（具体见图 2 - 12、2 - 13）。

图 2 - 12   二级传播示意图

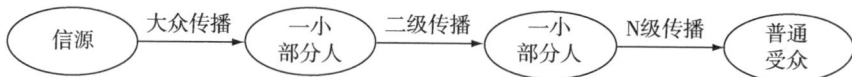

图 2 - 13   N级传播示意图

2. 传播技术的发展为信息泛滥的产生提供了技术上的可能

随着社会的发展、新闻媒体的进步，我们进行信息传播的技术发生了质的飞跃，传播技术的发展也进一步使信息泛滥成为可能。在石器时代，进行信息传播的方式或许只有面对面的身体动作的传递，之后有了结绳记事等；在封建社会，我们拥有了文字，飞鸽传书等成为我们进行信息沟通的方式；在工业社会，电话、报纸的诞生更加缩短了信息传递的时间，也使得通过权威人士对大众进行信息传播成为可能，使得信息的受众数量大幅增加；而在信息时代，互联网的发展，具有高度的互动性、传播性、视觉性的新媒体技术的横空出世，使传播效率大大提高，传播模式也逐渐成为多维互动的点—

点的网状结构（如图 2 - 14 所示）。在这样的信息网中，每个个体都可以成为信息源，而当其发布信息时，在这张网上的其他节点都可以获取信息，这样高速发展的信息网络也为信息泛滥提供了技术支持。

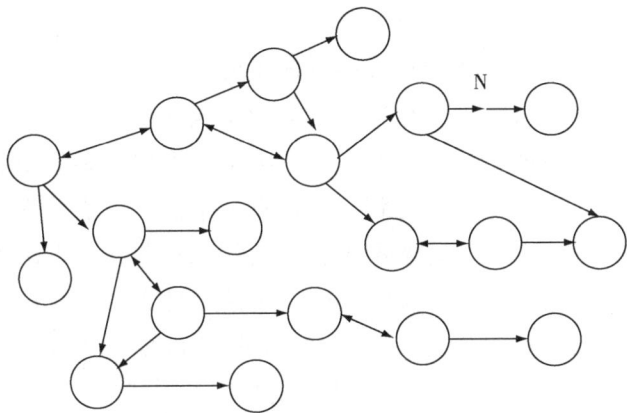

图 2 - 14　网状结构传播模式图

3. 雨后春笋般出现的新闻媒介提高信息泛滥的程度

微信公众号、H5、微博、vlog 等新媒体的出现，使得媒体的竞争愈加激烈。为了让大众关注自己的产品，各大广告商纷纷通过新媒体的方式博取大众眼球，其中不乏虚假的、不真实的内容，这进一步加大了信息泛滥的程度，使得我们所面临的信息更加混杂。[1]

三、信息泛滥给我们带来了怎样的影响？

在信息时代，社会信息的生产、传播与供应量已大大超过了社会信息的消费量，信息泛滥的后果是十分严重的。

1. 信息泛滥影响人们对信息资源的进一步开发利用

过量的信息流冲击着人们，使很多人不得不耗费很大的精力来对付潮水般上涨的信息。为此，人们付出了越来越多的时间来查找和接收有关信息。人们常常感觉身陷信息的汪洋大海却面临找不到、看不懂、读不完自己所需

---

[1]　张维民，蒲平. 浅析信息泛滥下的媒介选择 [J]. 新闻世界，2009（05）：60—61.

要的信息这样一种窘境。以化学刊物为例，目前世界上出版的化学刊物有一万多种，一个化学家即使懂得 34 种语言、一天阅读 24 小时，一年之中也只能看完全部出版物的 1/20，这种趋势持续下去必将对人类社会的信息资源造成极大的浪费。

2. 信息资源给人类造成了巨大的心理压力

信息流通速度的加快使人类社会变化的步伐加快。要在快速变化的社会里适应复杂多变的环境，及时做出正确的决策，人们就必须相应地加快节奏来进行信息接收与处理，迅速更新自己储存的信息；人们要学会检索，要学会选择取样，要学会从中尽量吸收所能吸收的信息，并且不因没有吸收其全部而感到遗憾。信息泛滥将给人们造成严重的心理压力，并最终导致人们患上信息中毒或信息失调等信息病。例如 20 世纪 80 年代中期日本的筑波病，筑波的研究人员自杀率达 0.571％。人脑的机能是有限的，来自外界的信息输入超过一定限度，即超出人的信息处理能力，大脑出现障碍，便可导致精神类疾病。[1]

❀ 行动研修

我们又该如何应对信息泛滥呢?

专注于任何当下正在做的事，做到最好，无论是面对一项一项的工作还是泡一杯绿茶。如果你遵循这一简单的原则，将会对你产生巨大的影响：

- 你做事会变得更加专注。
- 工作会变得效率更高。
- 你做任何事都会做得更好。
- 你的时间会更有质量。
- 和家人共处的时间会更有意义。
- 阅读时会更少分心。
- 对于你认为值得投入时间和注意力的事情，你能够沉浸其中。

---

[1] 谈鹤玲. 试论信息泛滥 [J]. 现代情报，2001 (01)：30，36.

1. 限制信息输入

和几十年前相比，我们现在面对更多的干扰：电子邮件、微信、QQ、微博、短信、智能手机 App、在线影音、网络购物、电子书、网络游戏等。扑面而来的信息浪潮夹杂着良莠不齐的信息，无数的虚假信息存在于其中，这样的信息泛滥对我们的影响将会扩大。因此，解决信息泛滥问题的第一步就是要限制我们的信息输入。

2. 信息清理

及时地清理我们的信息，不囤积大量无用信息，以免造成自己的焦虑情绪。主要可以有以下方式：

- 不查看 e-mail；
- 不登录微博、论坛或其他社交媒体；
- 不阅读新闻、博客及订阅内容；
- 不刷新自己喜欢的网站；
- 不看电视；
- 不使用任何聊天工具；
- 最低限度地使用电话，只使用通话功能；
- 只在必要的时候发邮件；
- 只在必要的时候上网搜索；
- 把时间用在创造、重要的计划、户外、面对面交流、与人合作及锻炼上；
- 读那些一直想读却没时间读的小说或者长篇文章；
- 看一些有益的、引发思考的电影，而不是流行的、大众化的商业片；
- 列出自己的清单，包括在一段时间内做什么、不做什么。

3. 创造整洁的环境

周围的环境对我们工作、学习的影响十分大，我们要尽可能地创造一个舒适整洁的环境。我们可以：

- 清理桌面；

- 关闭软件提示；
- 找一些轻柔的音乐和合适的耳机；
- 清理电脑桌面；
- 清理地板和墙壁。

4. 简化工作任务

- 清除办公空间里的杂物，减少干扰，创造更容易专注的舒适环境。
- 减少对琐碎工作的关注，更多地关注那些严重影响你职场和事业的工作。
- 减少任务和计划的数量，让你不那么忙碌，更加专注。
- 缩小工作范围，让你做得更少，但做得更好，关注质量而非数量。
- 避免过多沟通，减少干扰。
- 创造你想要的职业生活，而不是顺应别人的要求。

5. 提高专注度

（1）如何专注地工作？

- 更关注自己。在你开始做一件事时，让自己更关注开始本身。一旦这么做，你会注意到开始做的事，以及产生想要做其他事的欲望。关注是很重要的第一步。
- 清除干扰。如果要读书，把其他东西清理干净，只剩下你和书。如果要处理邮件，关闭其他软件和浏览器，然后开始处理。如果你开始一项工作，就放下其他工作。如果要吃饭，就把电脑、电话放到一边，关掉电视。
- 明智选择。不要只是开始做一件事，考虑一下：你真的想要打开电视吗？真的需要发邮件吗？手头上的工作是最重要的吗？
- 完全投入其中。你想要泡茶，就完全投入，让你的全身心都投入这件事。你打算和人沟通，就认真聆听，专注于当下。要是打算铺床，你应该用全部的注意力和技巧来做。
- 练习。大部分技能并非一朝一夕就能学会，你可以马上开始，但一开始并不会熟练掌握。坚持下去，每天练习。不要想别的，只是练习。

（2）如何专注地阅读？如何不分心地读更长的文字？

- 消除其他干扰。

- 断网。

- 读书也是如此。如果读一本纸质书，你需要把电脑和手机放到一边。找一个安静的地方，只是读书。如果读电子书，除了阅读器，其他的东西都清除干净。这样你就会沉浸其中，并且享受阅读。没有干扰的阅读是一种享受。

（3）如何专注地做研究？

- 关闭邮件、聊天软件等。

- 做最开始的搜索工作，打开第一批文章和网页。

- 浏览这些网页，找到可能需要浏览的其他文章和网页，打开这些链接。

- 重复浏览和打开链接的过程，直到所有需要阅读的文章都已打开。

- 一次只读一篇文章，打开这篇文章，隐藏其他窗口。读完这篇文章，必要的话记笔记。如果以后需要参考就加上书签。

- 重复，一次只给一篇文章记笔记、加书签。当搜索结束时，你就可以真正开始工作了，这时可以使用前文提到的技巧来保持专注。[1]

第六节　信息保护：信息隐私的自我保护

案例与分析

案例直击

◆棱镜计划

棱镜计划（PRISM）是一项从 2007 年开始由美国国家安全局实施的绝密级监控计划，主要是通过网络对全球重要的政客、企业家等进行监控。该计

---

[1] 简书.专注：如何应对信息泛滥的当下 [EB/OL].https：//www.zybuluo.com/jianshu/note/136288.

划的正式名称为 "US-984XN"。

根据泄露的文件描述，PRISM 计划能够对即时通信和已存资料进行深度的监听。美国国家安全局在 PRISM 计划中可以获得数据电子邮件、视讯和语音交谈、影片、照片、文字交谈、档案传输、登入通知等内容，以及社群网络细节，并通过各种联网装置，如纳米机器人、智能手机、电子式手表等各式联网装置对特定目标进行攻击。综合情报文件《总统每日简报》在 2012 年的 1 477 个计划里使用了来自棱镜计划的资料。

关于 PRISM 的报道是在美国政府持续秘密要求威讯电信公司向国家安全局提供所有客户每日电话记录的消息曝光后不久出现的。泄露这些绝密文件的是美国国家安全局合约外包商员工爱德华·斯诺登，相关信息于 2013 年 6 月 6 日在英国《卫报》和美国《华盛顿邮报》公开。[1]

◆WannaCry 勒索病毒

2017 年 5 月 12 日，WannaCry 勒索病毒借助高危漏洞"永恒之蓝"在全世界范围内爆发。据报道，包括美国、英国、中国、俄罗斯、西班牙等全球至少 150 个国家、30 万名用户中招，金融、能源、医疗等众多行业受到波及，损失达 80 亿美元。

部分大型企业的应用系统和数据库文件被加密后无法正常工作，损失巨大；大量实验室数据和毕业论文被锁定加密。WannaCry 爆发之后，勒索病毒开始全面进入大众的视野。随后，软件安全技术与病毒勒索技术不断进行对抗和升级，勒索病毒的攻击也愈来愈成熟和普遍，攻击目标也更加精准。[2]

在当今这个数字经济时代，一方面，我们的信息数据成为各个企业发展中最重要的竞争资源；另一方面，在后台进行数据处理的过程中，个人信息泄露或者被滥用的案例越来越多。2013 年沸沸扬扬的"斯诺登事件"及 2017 年让无数毕业生、公司所忧心的 WannaCry 勒索事件，都是在敲响关于"信

---

[1] 维基百科. 棱镜计划 [EB/OL]. https：// zh. wikipedia. org/wiki/%E7%A8%9C%E9%8F%A1%E8%A8%88%E7%95%AB.

[2] WannanCry 爆发两周年会有下一个"网红级勒索病毒"出现吗？ [EB/OL]. https：// zhuanlan. zhihu. com/p/65353388.

息安全"的警钟。或许，我们之中有些人会认为"信息安全"离自己的生活太遥远，和自己没有什么关系。但其实这是因为他们还未遭受损失，所以才会持与我无关的态度。可是，在当前的社会中，许多不法商人将后台我们所注册的信息进行买卖，例如，大家每天不胜其烦地接到骚扰电话、短信、邮件，日常生活和工作受到一些干扰，甚至造成个人财产和名誉损失，这样的情况很多是由个人信息的泄露、共享和非法交易所造成的。近年来，互联网中的个人信息泄露问题频繁出现。2017 年 2 月 4 日，名为"双旗（Double Flag）"的著名暗网供应商抛售从多家互联网巨头盗取的十多亿条数据。2018 年 9 月 10 日，万豪集团 5 亿名客人的信息被泄露。[1] 信息保护和信息安全成为我们生活中亟须引起重视的部分。

案例诊断

人们常常用最具有代表性的生产工具来命名人类所经历的历史时期，如石器时代、青铜器时代、蒸汽时代、电气时代。那么，在当前以信息技术革命为主要特征的信息化浪潮背景下，我们已然进入"信息时代"。一方面，信息化社会给我们的生活、工作和学习的各个方面都带来了非常重大的影响，我们可以通过手机解决衣食住行，可以在网络上工作和学习，它加速了我们对于信息的传递和处理，更加方便了我们的工作和生活，当然也推进了社会的发展和全球化；但是，从另一方面来看，信息化也使得我们暴露在网络世界中，人与人之间的信任和隐私都在一点点被重新定义，对信息安全提出了新的挑战。

作为社会公民的教师当然也要有高度的信息安全意识。信息安全是指信息网络的硬件、软件及其系统中的数据受到保护，不因偶然的或者恶意的行为而遭到破坏、更改、泄露，系统连续、可靠、正常地运行，信息服务不中断。信息安全的实质就是要保护信息系统或信息网络中的信息资源免受各种类型的威胁、干扰和破坏，即保证信息的安全性。根据国际标准化组织的定义，信息安全性的含义主要是指信息的完整性、可用性、保密性和可靠性。

---

[1] 新华网. 大数据时代的个人信息保护探析 [EB/OL]. [2019-09-19]. http：//www. xinhuanet. com/info/2019-09/19/c_138403840. htm.

教师经常与信息打交道，需要查找、下载、存储、传输各种各样的信息，信息安全意识特别重要。一方面，由于计算机病毒猖獗，校园网、个人计算机、各种移动存储设备经常会被病毒感染，致使教师的讲稿、课件、素材等教学信息丢失、缺失或被篡改，使这些文件无法打开，无法使用，直接影响教育教学活动的正常开展。另一方面，由于教育教学管理的信息化，教学档案资料特别是试卷、学生成绩等信息通过计算机网络传输，很容易造成试题的泄露或成绩被更改。[1]

理论与应用

◎ 理论导航

当下，信息化已经融入我们的生活，渗透在我们生活的各个角落，我们出行时，可以在手机上订票、约车；我们工作时，可以通过手机监控家里的宠物……信息化从不同的方面方便我们的生活。就在我们每个人都积极地拥抱信息化的时候，也有一群不法分子嗅到信息化的商机，从各种途径收集我们的个人信息，并且形成信息交易的地下市场，我们每个人的信息安全都受到了严重的威胁。[2] 虽然教师无法解决国家信息安全的问题，但是可以从自身做起，保护好自己的个人信息，不给不法分子可乘之机。

一、什么是信息安全？

"安全"一词的本义是形容没有危险和事故，着重指不受到威胁。"信息安全"的意思就应该是个人和组织、社会信息没有危险、不受威胁的状态。随着信息技术的不断发展，信息安全的含义也在不断地扩充，从单纯的通信安全逐步发展到计算机安全和信息安全，从军事领域的特定情报安全发展到我们整个信息化社会的安全。信息安全也逐渐地从通信安全、信息保密，发展为防范、管理、检测、评估等各环节完善的理论和技术，正在向授权、访

---

[1] 孙汉群. 教育信息化与教师信息素养 [J]. 中国教育信息化，2011 (12)：13—17.
[2] 范渊. 数字经济时代的智慧城市与信息安全 [M]. 北京：电子工业出版社，2019.

问控制、个人隐私、知识产权等方面的保护发展。信息安全的相关研究也由原来的密码学扩展到计算机科学、管理信息系统、法学、心理学、社会学等诸多学科领域。[1]

二、信息安全包含什么内容?

我们已经进入一个全民信息安全形势日趋严峻的时代，绝大部分人的生活都离不开网络。网络购物、网络社交、网络缴费、移动支付……我们的生活因为信息技术和互联网的发展发生了翻天覆地的变化，生活中的衣食住行几乎都可以通过手机完成，我们也成为"大数据"的贡献者，但伴随着我们在网络世界的便利，我们也留下了许多数据痕迹，这些痕迹可以暴露我们的许多信息，当被不法分子恶意利用时，我们的信息安全就会受到威胁。信息安全的本质是信息资源的安全，防范的要点是网络基础设施的安全。信息安全一般情况下包括以下几方面内容：

（1）信息设施及环境安全：主要指的是我们所使用的硬件设备及周围环境的安全，例如，学校机房的消防设备、灾害事故发生的应急措施、实验室和教学楼等楼宇设施的门禁管制、线路的管理等；

（2）数据安全：主要指的是我们对于周围数据的保护措施以确保其不被篡改或破坏，例如，定期修改和更新密码、对手机和电脑上的数据进行备份、制定应用的使用权限、在机房电脑上记录上线使用者的使用情形；

（3）程序安全：对软件质量的重视及使用时的相关维护措施，例如，通过正规途径下载正版软件、按照操作规范进行程序操作、定期进行程序的病毒检测和内存清理等；

（4）系统安全：主要是指维护我们的计算机系统的安全，例如，定期进行木马病毒检测、按照操作流程和说明手册进行各种操作、定期寻找专业人员进行系统的维护等。[2]

---

[1]　李孟刚. 国家信息安全问题研究［M］. 北京：社会科学文献出版社，2012.

[2]　李孟刚. 国家信息安全问题研究［M］. 北京：社会科学文献出版社，2012.

❋ **行动研修**

一、在生活中，我们会遇到哪些信息危机呢？又需要如何做呢？

我们在朋友圈里发布几张照片，可能在不经意间已经泄露了我们的住址；我们在使用一些 App 时，或许后台已经侵入我们的手机，在盗取我们的照片、短信、账号甚至密码；我们在街边顺手连接免费的 Wi-Fi，可能意味着在几分钟之内我们的支付账号、密码就会被不法分子恶意窃取……随着信息时代的到来，我们每个人生活、工作的方方面面都获得了便利，但与此同时我们的个人信息安全成为无法忽视的社会性问题。在这个时代，在网络世界中我们的信息被暴露在阳光下，我们已然成为一个个"透明人"在网络世界中"裸奔"，没有任何的信息隐私可言。[1]

1. 个人信息泄露

个人敏感信息就是那些如果被泄露就可能危及我们的人身和财产安全，导致个人名誉、身心健康受到损害等的个人信息。

【风险】

• 随意乱丢快递单，可能会泄露我们的姓名、电话号码、住址或工作地址。

• 参与网上智商、星座、情商、性格测试，会泄露我们的姓名和出生年月。

• 参与分享送流量活动，会让不法分子确认我们的手机号是有效的。

• 抢红包输入个人信息，会泄露我们的姓名、手机号。

• 晒图，照片元数据包含 GPS 位置信息。

• 允许陌生人查看朋友圈图片，泄露生日、爱好、电话号码等信息。

• 机构数据泄露，账户信息泄露。

---

[1] 光明日报. 大数据时代，如何保障个人信息安全 [N/OL]. [2017-11-30]. http：// www. xinhuanet. com/tech/2017-11-30/c _ 1122032698. htm.

【防范建议】

（1）拒绝参加星座、性格测试。

（2）分享送流量应确认是官方产品或业务活动，否则涉嫌诱导分享。

（3）凡是要求输入个人信息领取的都是假红包。

（4）关注信息泄露事件，及时调整设置口令，更换信用卡。

2. 钓鱼网站

钓鱼网站是一种网络欺诈行为，指不法分子仿冒真实网站地址及页面内容，或者利用真实网站漏洞在某些网页中插入危险代码，以此来窃取用户银行卡账户、密码等私人资料的行为。此类网站一般会要求用户填入账户信息，以获取用户的金钱或个人信息。

【表现形式】

·以幸运观众、低价机票、电话充值、中奖通知为名，欺骗我们填写身份证号码、银行账户等信息。

·模仿淘宝、京东等需要进行网银交易的网站，窃取我们的账户及密码等信息。

【防范建议】

（1）察"颜"观色：留意网站的布局，有些钓鱼网站会模仿正规网站进行设计，我们要从微小的痕迹中发现线索，让钓鱼网站无处遁形。

（2）注意提示：在进行网页浏览时，如果遇到被举报且加入黑名单的网站，会有相关"危险网站"的提示，切忌点开危险网站。

（3）学会辨别：不随便点击邮箱、QQ、微信、微博中的不明链接。同时，在打开邮件附件时要提高警惕，不要打开扩展名为"pif""exe""bat""vbs"的附件。

3. 电信诈骗

电信诈骗是指犯罪分子通过电话、短信或网络方式编造虚假信息，设置骗局，对受害人实施远程、非接触式诈骗，诱使受害人给犯罪分子转账的犯罪行为。

【案例】

一天李老师收到如下短信："李老师，您好。我是您的学生，我爸爸昨天出车祸了，现在还在医院，我想和您请个假。我很担心我爸爸，手术的医药费也凑不齐，老师，我能跟您借5000块钱吗？如果可以的话，请把钱转到银行卡：612××××××××××××××，这是我哥哥的手机，卡也是我哥哥的。谢谢老师。"别急，如果有突发情况，请一定打电话联系当事人，最重要的是联系学生家长，了解真实情况。

【防范建议】

（1）遇到中奖、借钱等电信诈骗，一定要与组织机构、当事人联系，确认情况。

（2）遭遇诈骗后第一时间拨打 110 报警，说明受害人的银行卡号，通过紧急止付最大限度地保护被骗的资金。

二、有什么防范技巧吗？

1. 聊天软件的防范措施

使用 QQ 的主要风险有点击恶意链接感染病毒等，遇到可疑或未知的链接、文件建议您不点击、不接收也不传输。

2. 手机的防范技巧

- 未知链接不乱点；
- 不要对手机进行 root；
- 不要轻易把手机给别人；
- 手机设置锁屏密码；
- 不需要的程序、游戏尽量不要尝试安装；
- 尽量从主流的大 App 市场下载软件；
- 不要见码就扫；
- 使用公共 Wi-Fi 不进行涉密操作。

3. 密码的防范技巧

- 除非有特殊要求，否则密码至少应该由 8 个字符组成；
- 除非有特殊要求，否则密码应包含大小写字母；
- 除非有特殊要求，否则密码应包含数字、特殊字符；
- 不要使用词典中的单词；
- 不要基于人的姓名、生日设置密码。[1]

---

[1] 华鑫证券. 关注您身边网络信息安全，远离网络陷阱 [EB/OL]. https: // mp. weixin. qq. com/s/0WFaN1pmI2FtPCEXjtoXXw.

4. 需要特别注意以下行为

- 忽视病毒防护，不定期扫描系统，查杀病毒；
- 不同系统设置同个账号密码；
- 安装大量软件；
- 不做数据备份；
- 移动介质（如 U 盘）使用不当；
- 访问陌生网页；
- 打开来历不明的文件；
- 非正常开关机；
- 在社交软件不慎发布个人信息；
- 轻易相信各种网络汇款。[1]

---

[1] 你了解网络信息安全吗？[EB/OL]. https：// mp. weixin. qq. com/s/yjVic —
KzX7JHC6Le9MXLtQ.

第三章

信息处理：教师成功驾驭繁杂的信息

导言

人类的生存和发展都离不开信息。信息就像是鱼儿的水，像是空气时刻包围在我们身边。在科学技术飞速发展的时代，信息是当今世界重要的资源，我们每个人都应该具备使用计算机检索信息、处理信息和使用信息的能力。在信息的海洋中，在向我们不断袭来的"信息"浪花中撷取其中最有价值的"金子"，这样浪里淘金的本领便是信息时代对我们更高的要求——要求我们每个"信息人"拥有检索信息和处理信息的能力。俗话说，巧妇难为无米之炊，而当"信息"之米已然在我们的锅中时，如何处理便成了我们信息处理能力的重要体现。本章将会从信息意识、信息筛选、信息分析、信息整合和信息表达几个方面来全面地阐述信息处理的内容，旨在帮助教师有效地处理信息，成功驾驭繁杂的信息。

第一节 信息意识：决定了教师的信息能力

案例与分析

案例直击

汪老师是一名高中的数学教师，有一个 17 岁的儿子。2020 年新型冠状病毒肺炎疫情在全球范围内暴发，各国都在积极地应对疫情，汪老师一家每天准时收看《新闻联播》和白岩松主持的《新闻 1＋1》，不仅看到了疫情暴发期间的感人故事，还关注着全球抗击疫情的最新情况。一天，汪老师一家看新闻时，新闻里播出"全国 31 个省市区和新疆生产建设兵团现有确诊病例 1 116 例，其中重症病例 144 例。湖北现有确诊病例 351 例（武汉 348 例），其中重症病例 103 例（武汉 101 例）"。同时，在新闻里白岩松对比了确诊人数曲线图。看到这里，汪老师的儿子突然说："这条曲线的走势和 $y＝x^n$ 函数的曲线很像啊，要是在高中学的数学都是这样的就好了。"汪老师突然发觉，儿子可以将自己看到的信息与数学联系起来，那么自己的学生是不是也希望学习蕴含真实问题的数学，而不是只有数字的数学呢？上学期学校正在如火如茶地进行课程改革，汪老师还苦思自己的数学课程该如何改革，如何让学生们更加喜欢数学课程，而不是一想到数学就觉得很难。因为汪老师所带的学生是文科生，所以数学都相对较弱一些，一上数学课，学生们就觉得难出天际了。把这些真实的案例引入数学教学中，或许会带给学生们不一样的体验吧。

🦋 案例诊断

信息时代的信息更迭速度早已超出我们的想象。曾有数据表明，我们现在每天产生的信息量大于过去的几十年甚至是几百年的信息的总和。这样的内容生成速度在过去是无法想象的，就算是苏格拉底在世，他也无法运用所有他接收到的信息。我们现在处于信息时代，我们的孩子们都是"数字原住民"，"信息"已经成为我们身边的空气、水，成为我们生活中不可缺少的东西，或许我们无法感受到信息的重要性，但它确实无时无刻不存在于我们的身边。当前，我们大多数人每天要浏览许多信息，"浏览"仅仅是眼睛扫过数字化屏幕，可是：

- 这些信息真正蕴含什么意思？
- 我们明白众多信息与我们生活的联系吗？对我们的生活有何意义？
- 我们每天所浏览的信息与我们真实运用的信息是一个数量级吗？
- 如果不是，那我们每天浏览这些信息的意义是什么呢？
- ……

在我们日复一日地接收大量信息的同时，拥有信息意识就显得格外重要。我们应在信息海洋中发现信息孤岛之间的联系，发现信息与我们生活的联系，深入理解信息背后所蕴含的意义。只有我们意识到信息的重要性，感受到信息与我们的生活息息相关，才能进一步发挥出我们信息处理的能力。

理论与应用

⚙ 理论导航

在信息时代，社会对人才培养提出了新的要求。2016年9月13日，《中国学生发展核心素养》（图3-1）研究成果在北京发布，核心素养以培养"全面发展的人"为核心，分为文化基础、自主发展、社会参与3个维度，综合表现为人文底蕴、科学精神、学会学习、健康生活、责任担当、实践创新六大素养，具体细化为国家认同等 18 个基本要点。学生发展核心素养指学生应具备的、能够适应终身发展和社会发展需要的必备品格和关键能力。[1] 其中在"学会学习"中包含了"信息意识"的基本要点，说明信息化时代"信息意识"的重要性。信息意识不仅对学生而言很重要，而且对于我们每个社会人来讲都十分重要，关系着我们从"社会人"向"信息人"的转变。信息化社会对教师的信息素养的具体要求为：信息意识、信息道德、信息知识和信息能力[2][3]。

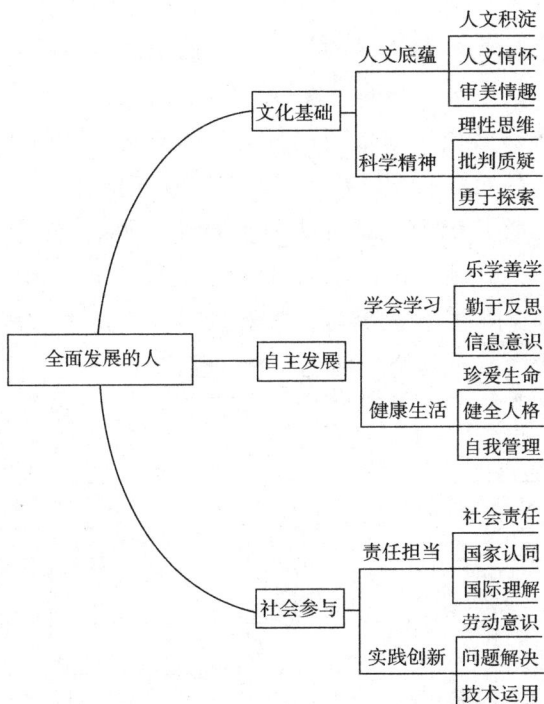

图 3-1 中国学生发展核心素养维度图

---

[1] 中华人民共和国国务院新闻办公室.《中国学生发展核心素养》发布 [EB/OL]. http：// www. scio. gov. cn/zhzc/8/4/Document/1491185/1491185. htm.

[2] 肖红艳，张小莉. 信息化社会教师的信息素养 [J]. 中国远程教育，2003（05）：40—42.

[3] 陈维维，李艺. 信息素养的内涵、层次及培养 [J]. 电化教育研究，2002（11）.

一、信息意识是什么？信息能力又是什么？

教师的信息意识是指教师对于信息是否具有敏锐的感受力、持久的关注力。简而言之，信息意识就是信息敏感程度，也就是我们能否看到信息，了解其背后的内涵，发现其与我们生活、教学中的关联点，并且持续对其保持关注。[1] 简单地说，信息意识其实就是当我们面对不懂的东西、面对我们日常生活中需要解决的问题时，我们能否积极地、主动地去信息海洋中寻找答案，并且知道用什么样的方法、在哪里可以获得我们想要的内容。在信息时代，我们每天都会接收各种各样的数量庞大的信息，而随着信息的爆炸、信息方法的普及和信息技术的发展，我们需要问问自己：

• 我们是否能够敏锐地捕捉到这些信息的意义？例如，敏锐地捕捉"新型冠状肺炎疫情"的教育意义，并将其融合到教育教学中。

• 我们是否能够认识到信息方法的重要性？例如，在了解拉斯韦尔5W传播理论（Who—Says what—In which channel—To whom—With what effect）（图3-2）时，感受到其重要性和教育性，并用这种方法分析教育教学过程，因为教育本身也是个"传播"的过程。

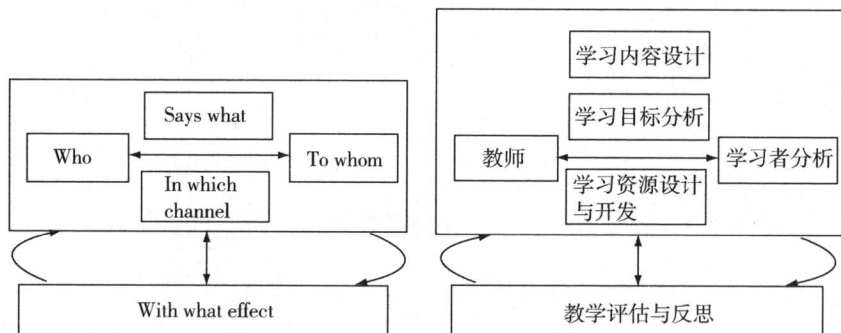

图3-2 5W理论与教学设计过程图

• 我们是否能够感受到层出不穷的各种信息技术是重要的？例如，5G技

[1] 吴岚. 知识经济时代与教师的信息素质 [J]. 电化教育研究，2001（01）：7—10.

术在未来的生活和教学中的应用，人工智能技术给人类和教育带来的挑战和机遇，大数据技术对于城市发展、教育管理、教学评估的重要意义。

而教师的信息能力主要表现为：

- 在教育教学工作中信息获取、信息评价、信息处理、信息制作的能力；
- 对教育教学信息、学生信息进行有效管理和加工的能力；
- 通过使用技术工具进行教学资源开发及多媒体课件制作的能力；
- 将信息技术融入学科教学的能力；
- 使用信息技术对教学效果进行分析、评价的能力和相关信息发布、传播与交流的能力；
- 通过应用信息技术进行研究的能力。[1]

二、信息意识与信息能力之间的关系是什么？

我们不难看出，良好的信息意识是信息能力的基础。当前，我们生活在信息爆炸的时代，公众号、微博、新闻、短视频……每天都有成千上万的信息向我们涌来，我们只有对信息保持一定的敏感性，具有良好的信息意识，才能够自主地、积极地寻找有效的信息，才会将这些信息、信息方法和信息技术更好地应用到我们的生活、教学和自我提升中。只有充分地认识到信息资源、信息技术对教育教学的重要性，我们才能够更加积极主动地获取、处理和应用信息资源、信息技术，不断提高信息技术在教学中的应用水平；只有充分认识到信息方法的重要性，我们才能在学科教学和学科科研之中自觉地学习和应用信息方法，提高对教学规律的分析、研究和应用的能力，促进教学水平的不断提高。[2] 因此，信息意识是信息能力的基础，信息意识决定了信息能力，信息能力也进一步体现出我们的信息意识。

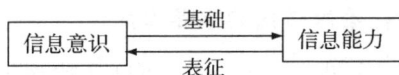

图 3 - 3　信息意识与信息能力关系图

[1] 张厚生.信息素养 [M].南京：东南大学出版社，2007.
[2] 孙汉群.教育信息化与教师信息素养 [J].中国教育信息化，2011 (12)：13—17.

三、信息意识包含什么内容?

其实,我们也不难理解,信息意识是我们在参与与信息有关的认知活动时,发生在意识层面的能动反应。信息意识是意识的延伸,是意识的子系统。[1]

信息意识有两种状态:一种是被动接收状态,另一种是自觉活跃状态。

• 前者指人们从社会的信息环境中被动地接收事先并不知道的信息,例如,我们刷微博时突然看到"××省地震"的信息;

• 后者指信息意识的觉醒状态,它促使我们制订相应的信息活动计划。处于这种状态时,我们也会主动关心和了解各种变化,并做出相应的选择。简单地说,可以理解为我们为了做出选择和改变而主动寻求的信息,例如,在备课时我们主动寻找自己所需要的信息,在浏览信息时判断每条信息是否符合我们的需求。

当处于被动接收状态时,我们缺乏对信息的内在需求,而只是一味地、本能地接收信息,对信息并没有进行积极的、主动的处理和加工,这样使得我们对信息的处理效率降低,也难以从已有信息中提炼出新的观点和有价值的内容;而处于自觉活跃状态时,我们对信息会非常敏感,对信息的内涵挖掘也会很深入,当面对一些需要解决的问题时,我们也可以积极主动地去信息中获取我们所需要的知识。[2]信息流的不同意识形态使我们有不同的行为,但是,信息意识也不是静态的,当我们意识到自己的信息意识处于被动接收状态时,也可以通过有意注意等后期调整来改变和提升自己的信息意识。

我们的信息意识主要包括以下内容:

1. 能够认识到信息在信息时代的重要作用

随着时代的发展,许多新兴的概念和信息在快速地发展着,我们要在这

---

[1] 解敏,裴克定.信息意识概念的新构想与实证 [J].现代远程教育研究,2012 (05):51—56.

[2] 魏华,陈献兰.论如何培养大学生的信息意识和信息能力 [J].高教论坛,2008 (05):123—126.

样的背景中意识到这些信息和概念在当今这样一个信息时代是具有非常重要的作用的。我们在信息时代要时时持有终身学习、勇于创新、尊重知识、注重版权的观念。

2. 对信息有积极的内在需求

我们每个人在不同的情境下处于不同的角色中，都有着不同的信息需求。当我们是一个新手父母时，可能需要寻求一些育儿信息；当我们作为一名教师在备课的时候，需要寻求相关知识内容的信息，在对学生进行心理辅导时，需要学生心理发展和调节的相关信息；当我们作为社会人身处在"新型冠状病毒肺炎疫情"的背景中，我们会寻找一些关于疫情防护、疫情感染情况的相关信息。关键就在于，我们对信息是有积极的内在需求的。

3. 对信息的敏感性和洞察力

如果要对信息保持敏感性和洞察力，我们需要：

- 能迅速地发现信息背后的含义，有效地掌握最具有价值的信息；
- 善于从微不足道、毫无价值的信息中发现信息的隐藏含义和价值；
- 善于辨别信息的真实性和可靠性，以判断自己是否可以使用；
- 善于将信息中所表述的内容与自己的实际生活、教学迅速联系起来；
- 善于从各类信息中找出解决问题的关键信息。[1]

例如，在"新型冠状病毒肺炎疫情"的背景下，生物教师会想到将这一事件与病毒的结构、病毒的传染和 PCR 扩增结合；数学教师会想到可以将疫情发展的数据进行建模；语文教师会关注在疫情中发生的那些美好的事情和抗疫人物，将写作与疫情结合，例如，在医院门前看夕阳的 90 后医护人员和 87 岁的老爷爷，大连小伙儿误打误撞成为志愿者，还有那些始终坚守在一线的社区工作者、公安武警、医护人员，等等。

---

[1] 张倩苇. 信息素养与信息素养教育 [J]. 电化教育研究，2001（02）：9—14.

❀ **行动研修**

如何加强我们的信息意识呢?

1. 持久地、有意识地涉猎不同领域的信息

我们可以在日常生活中有意识地接触不同领域的信息,以增强我们对不同信息的接收力和敏感性。对不同领域信息的捕捉和分析,可以帮助我们快速地掌握信息,即使是自己所不擅长的领域,虽然信息有内容的领域之分,但是对信息的理解力没有领域之分。同时对信息要具有持久的注意力,这种持续的信息关注会成为一种习惯性的倾向,无论在什么时间、什么地点,我们都可以保持对信息的关注,无论是学校的还是社会的、专业的还是非专业的、与教学有关的还是与学生学习有关的信息,我们都需要了解,并且与我们目前所关注和要解决的问题联系起来,帮助我们更好地工作和生活,也帮助我们成为头脑敏捷,善于捕捉、发掘信息并善于创新的"信息人"。

2. 运用多种方法记录自己对信息的想法

我们还可以通过记录自己对信息的分析和想法,不断拓展自己对信息的联想力,同时作为自己的一个小小的信息"库",可以在自己写报告、备课时翻出来看看,作为一个资源库的补充。当前我们都是通过电子设备进行数字化信息的阅读的,那么我们也可以利用多种信息化方法来记录我们的想法和信息,例如,可以利用手机备忘录、Word 文档等文本记录工具来记录,用表格的形式来记录会更加清晰;还可以选择思维导图等知识建构的软件生成自己的可视化信息库,思维导图可以帮助我们更加清晰地看到各个信息之间的联系,并且帮助我们拓展思维。不管运用何种方式来记录我们的想法,这都会成为我们的动态资源库,也帮助我们不断加强自己的信息意识。

3. 运用理性和感性并存的科学辩证视角分析信息

我们可以通过对信息的发散性分析,认识到信息的重要性,提升我们的信息敏感度,增强我们的信息意识。当看到一个信息时,我们不能只感性地看到事件中所传递出的人文信息,还要评判信息的好坏,同时要结合理性的思维去思考:

- 为什么会发生这样的事情？
- 这样的事情代表了社会中的什么现象？
- 未来的走向是怎样的？
- 这个信息与我们的生活、教学有什么关联？
- ……

我们要结合感性知觉和理性思考深度辩证地看待信息，并且联系到我们自己，想想对我们的意义和价值是什么。

第二节　信息筛选：辨别出好的信息

案例与分析

案例直击

李老师最近遇到了很多麻烦。有一天，他的手机上突然收到了一条香港某公司发来的信息："恭喜，您的手机账户获得了五千元大奖！请您先将500元的奖金纳税金汇寄给我们，公司财务会即刻给您汇去奖金。汇款账号410×××××××××××。"天上会掉馅饼吗？这条信息是哪里发来的？这个信息源可靠吗？另外，李老师最近要完成某个关于小学生网瘾的课题的研究工作，因此需要收集一些有关"小学生网瘾"的资料，他就采取了百度搜索的方式去搜索互联网上的相关资源，结果发现他搜索到相关结果约 65 100 000 个。李老师面对如此多的资料，完全地迷失在信息的海洋中了，根本不知道从何下手。开始时，他只能硬着头皮一条一条地阅读下去，但他马上又变得困惑起来，这么多的信息，到底如何挑出自己所需要的？要怎么判断哪些信息是真实的，哪些信息是权威的呢？李老师开始变得焦虑起来，他不知道到底应该怎么办了，不知道如何继续进行自己的研究课题了……

案例诊断

在互联网时代，信息可谓层出不穷。大多数人平均订阅 50—100 个公众号，按每天一个公众号发 3 篇文章、每篇文章 2 000 字来算，平均一个人一天要阅读 300 000—600 000 字。就算你一天不吃不喝 24 小时都盯着文字，也未必能读完。就算读完了，你能记住的有多少？无非像长江之水付之东流罢了。在信息时代，我们都渴求信息，一方面是因为猎奇心，另一方面是因为害怕自己在信息的洪流里被抛在后面。

网络确实给我们带来了很多的方便，但它也给很多的负面信息带来了方便。很多人一个月能看一份报纸就算不错的了。不是我们不去看新闻，而是现在我们都在手机上看新闻。网络上每天产生的信息量已经远远超出了我们的阅读能力，这个时候我们需要去筛选我们所阅读的东西。如果不筛选对我们有什么坏处呢？第一，精力不够。第二，对外界的关注点可能存在偏差，从而导致我们的思维跟不上时代的发展。第三，教师不能对信息进行鉴别，就无法教会学生怎么去进行信息的鉴别，势必会让学生接收到一些不好的信息。要想在信息的洪流里站稳脚跟，我们首先要学会甄别。因此，教师要学会鉴别哪些是有用信息、哪些是无用信息及哪些是有害信息，在广阔无垠的信息海洋中及时地捕捉和获取对我们自己有用的信息，同时提高我们对负面信息的甄别能力，让我们更加安全、自由地在信息海洋中徜徉。

理论与应用

◎ 理论导航

随着技术日益发展，网络上的资讯也越来越庞杂，面对信息时代的海量信息，我们该怎样"独具慧眼"，从里面筛选最值得关注或最有价值的信息呢？我们需要明白"知识"和"信息"无法对等，在我们的生活中，我们需要将自己所接收到的各类信息进行筛选、分析、处理，进而转换为个体的"知识"。如果我们漫无目的地在信息海洋中航行，获取这些免费而海量的信息，我们就无法真正地将信息转化为知识，因此我们的学习必须有目标，以确保我们不会被海量的内容所埋没。信息过载、有求无应、沟通无门，想要的方案找不到，疑惑没人答，想获得曝光没机会，这在以前一直是工程师绕不过去的痛点，也让不少人患上了所谓的"知识焦虑症"。

一、当前我们接收的信息都是什么呢？

现在是互联网时代，我们每天接收到大量的信息，总体来说，信息有两种，一种是有明确目标的信息，另一种是被动接收到的复杂信息。（1）有明确目标的信息。很多情况下，我们知道我们要干什么，有明确的目标和亟须解决的问题。比如：你在研究核心素养时搜到了一百多条信息，怎么办呢？找关键词，凡是与核心素养有关的关键词都留下，与核心素养无关的关键词都删掉；再对你留下的信息进行分类总结，得出你想要的结论。（2）被动接收到的复杂信息。大多数情况下，我们被动地接收到很多复杂的信息。比如：最新研制出某种药品，能够彻底治愈糖尿病；用了某家的脱发灵，30 天让你长出头发，等等。这时候你就要对信息进行高效识别，否则你很容易上当。

二、我们该把握怎样的筛选信息的原则呢？

在筛选信息时应把握以下原则：[1]

1. 信息的真实性判断

筛选信息的首要原则便是对信息的真实性进行判断，因为虚假信息在互联网上的传播速度远远超出我们的想象，造成的后果可能也比较严重。

那么，我们该如何判断信息的真实性呢？我们需要注意以下几点：

（1）查看信息来源。当我们获取信息时，无论这条信息多么契合我们的需求，我们都要先对信息的来源进行核查，查明信息的发布者是谁及发布平台是否具有可靠性等，以此来判断此信息是否具有真实性。

（2）判断信息要素。判断信息中所包含的各个要素是否完整，例如，在什么时间发生了怎样的事件、参与的人物有谁、造成的影响是什么等，以此来获取必要的信息；此外，对于信息中所引用的事实信息也要进行进一步的核查，例如，对背景等进行真实性的验证。

（3）判断信息的准确性。对于信息的准确性判断主要可以考虑两个方面：

---

[1] 百度文库. 网络信息筛选 [EB/OL]. https：// wenku. baidu. com/view/f2f445dba31614791711cc7931b765ce04087ac2. html.

一是表述的正确性，二是事实的准确性。不论是文字信息还是图表信息，表述正确与否在很大程度上都影响着我们对特定信息的理解是否准确。我们可以通过浏览权威网站或信息渠道，对信息内容进行综合的判断，通过客观准确的信息反映客观事实真相。

2. 信息的权威性判断

在浩瀚无垠的网络世界的信息海洋中，对于同样的问题，我们从不同的来源获取的信息往往不尽相同，有些时候甚至是相互矛盾和冲突的，这也使得我们很难判断使用哪一种解决方法，让我们不知道该相信哪一条信息，因此，我们需要对信息的权威性进行一个综合的判断。我们需要注意以下几个方面：

（1）我们进行信息来源权威性的判断时，主要考察信息来源的作者的声誉、信息来源渠道或发布平台的权威性和知名度。一般情况下，权威机构发布的信息质量是比较可靠的，政府机构、著名的大学或研究机构发布的信息，其可信度和权威性是非常高的。

（2）查看信息作者的个人情况，例如，作者的知名度和声誉，是否有信誉，发布的信息是否可信度较高，是否从属于知名的权威机构，是否有可查询的联系方式便于求证，这些都可以成为我们判断信息作者个人情况的信息。

（3）我们在进行教研的过程中，常常会看一些文献，引用一些实验论证，在这种情况下，我们要辩证分析所引用文献研究的方法是否科学、研究信效度如何等，以此来判断研究结论的权威性。

3. 信息的时效性判断

信息的时效性主要指信息的新旧程度。随着信息社会的发展，各类信息奔涌而出，信息的时效性逐渐成为信息的重要特征。信息可能会随着时间而发生变化，许多陈旧的信息的准确性可能也会受到质疑。在进行信息时效性的判断时，我们需要注意以下几种不同的情况：

（1）一些信息所蕴含的事实本身是具有变动性或突发性的，通过信息渠道在第一时间做出的报道，就是具有很强的时效性的。

（2）在我们的生活中，许多事情发展的本身是具有渐进性的，并不是一个突然的结果，而是由开始—发展—高潮—结局构成的过程。面对这样的信息，我们需要找到相关信息报道的最近的时间点，以保证信息的时效性强。

（3）还有一类信息所发生的时间是在过去，但是最近才被披露出来，我们可以通过使用一些特定的"由头"的办法进行补救，也就是说明自己得到信息的最新时间和来源。

❀ **行动研修**

在信息爆炸的时代，面对良莠不齐的各类信息，我们学会对信息进行有效筛选非常重要，能够有效地节约时间和精力，是我们提升自我认知的捷径。

我们如何进行信息筛选呢？

1. 带着目标去筛选

很多人刷手机、刷网页、刷公众号，一刷就是几个小时，很多时候都是毫无目的的，看到哪个标题有吸引力，就点进去看，一篇文章3—5分钟，图片翻了几百张，眼睛刺激了，脑子爽快了，然后关了手机，除了收藏了一堆想着以后要重看却可能永远都不会再打开的文章，没有任何收获，反而更焦虑了。这就像逛超市，如果毫无目的，哪个货架都想看看，时间浪费了，可能还贴进去很多钱。带着目标去筛选信息，朝着一个方向去，以结果为导向，能避免一部分这种时间和精力的无意义耗费。[1]

2. 精选可信的信息源

选取一些专业的平台。现在很多平台专注的方向越来越细致。例如，你要买书，去当当、亚马逊；线上学习，去喜马拉雅，等等。对于自己想搜索的信息，直接去专业平台上找（当然，网课建议还是需要多做一些筛选和评判，毕竟现在很多宣传文案做得太好了，最好咨询一些有经验的人，避免花费钱和时间，最后学的是不成体系的碎片知识）。李源老师曾经说过，花90%的时间选书，10%的时间看书。互联网时代，有效的信息需要我们花时间去

---

[1] 知乎.信息爆炸时代该如何筛选信息 [EB/OL]. https：// www. zhihu. com/question/52287079/answer/509390879.

好好研究和选择，否则，后面浪费的时间和精力更多。[1]

3. 重事实信息，轻观点和评论

在这个传播平民化的自媒体时代，每个人都可以在网络上发布信息，不论什么事情都可以发表评论，但很多人的观点其实毫无意义，我们需要形成我们自己的观点，所以事实信息对我们来说更重要。在进行信息筛选的时候，关注事实信息，辩证地看每一条信息，并且追寻事实真相，只关注事实，而不纠结于网友的两极化评论。网络多元的信息重在帮助我们生成自己的观点。

第三节　信息分析：挖掘信息背后的意义

案例与分析

案例直击

刘老师是初中二年级的物理教师，所在学校最近在进行教学改革和创新项目，还购买了一套系统设备——在线学习平台＋平板电脑。这个在线学习平台可以支持学生在线上完成作业、提交课堂讨论结果、课后线下学习，教师也可以通过后台数据看到学生们的学习时长、学习内容等数据。刘老师成为教学改革初二年级物理组的负责教师，年级组的专业教师先试用了一节课，用平板电脑辅助课堂教学——通过平板电脑发布学习任务、查看学生提交的任务反馈、与多媒体白板进行投屏互动、查看学生的学习数据、对学生进行评价，由于这是第一次使用平板电脑上课，学生们的兴致都很高。在课后，年级组教师开会复盘的时候，却有教师提出了一个问题："都说通过平板电脑这样的电子设备可以查看到学生的实时学习数据，但是题目的正确率、完成率这些数据对我们的教学有什么帮助吗？这些数据究竟代表什么意思呢？又

---

[1] 知乎. 怎样合理筛选身边泛滥的信息［EB/OL］. https：// www. zhihu. com/question/21549377? sort＝created.

如何帮助我们进行教学决策呢？"刘老师仔细想想，的确存在这样的问题，如果教师们无法理解数据背后所代表的教学意义，那么就无法调整自己的教学进度，这些数据就会变成无用信息，对教学没有任何的帮助。

案例诊断

近 30 年来，人类社会所产生的信息量已经远远超过了过去的信息总和。从网络和计算机进入家庭后，信息量就开始以几何级别增长，互联网的出现和普及进一步促进了信息的传播，新媒体、自媒体的发展也使得每天更新着不计其数的资讯信息。我们在生活、教学中，一直感受着网络上的丰富信息给我们带来的各种便利；但是，与此同时，我们不得不承受着"信息爆炸"所带来的困扰。[1]"信息爆炸"在一定程度上已经给我们的社会经济带来负面的影响。对世界上 10 家跨国公司的调查研究显示，这些跨国公司每天日常要处理的信息已经超过了自身的分析能力，使得它们的决策效率降低，甚至导致了公司难以做出最佳决策，甚至出现决策失误的现象。[2]因此，我们面对网络时代的"信息爆炸"时，只是单纯地把众多繁杂的信息组织起来已经远远不够，我们要从根本上强化自己的信息分析能力，对我们已有的分析思维进行提升和变革，才能减少"信息爆炸"带给我们的困扰。

理论与应用

理论导航

随着信息社会和信息经济的发展，信息指数增长已经使我们每个人都身处于信息海洋中。而从混沌无序的信息海洋中筛选出我们所需的信息之后，我们需要对这些信息进行进一步的分析，以发掘蕴含在信息中的意义，帮助我们更好地利用信息。

---

[1] 卢小宾，郭亚军. 信息分析理论与实践 [M]. 北京：清华大学出版社，2013.

[2] 安德鲁·基恩. 网民的狂欢：关于互联网弊端的反思 [M]. 丁德良，译. 三亚：海南出版公司，2010.

一、信息分析是什么呢?

有学者指出,信息分析是对信息资源进行检索、整合与分析,利用各种各样的信息工具快速做出可验证的分析反应的过程。[1] 信息分析在信息处理过程中处于检索和整合之后,我们也可以借助一些技术工具来进行信息分析。信息分析的工作目标实质上就是从繁杂的信息中提取有价值的信息,从表层信息中发现相关的内隐信息,从过去和现在的信息中推断出未来的信息,从部分信息中推知总体信息。[2] 这也进一步揭示了我们进行日常信息分析的几种形态和内容,分别是:

• 从表层信息中发现相关的内隐信息。例如,我们看到学生的试卷时,不仅仅关注学生的分数、成绩,还要根据答题情况去分析学生对于各知识点的掌握情况、最近的学习状态等;

• 从过去和现在的信息中推断出未来的信息。例如,在新冠肺炎疫情期间,根据过往的流行病学各因素,结合目前的数据,制作相应的数学模型,以预测疫情在未来一段时间的走向和发展;

• 从部分信息中推知总体信息。例如,在线学习过程中,其实教师和学生都有所不适,也存在许多的问题,我们可以通过与部分学生的沟通、交流和反馈去了解全班学生的学习状态如何,遇到了哪些问题,等等;

• ……

虽然信息分析可能在图书馆情报学、计算机信息系统等不同领域的定义不同,但其实不论表述如何不同,其内在所强调的信息分析的特点都是一致的,也只有把握信息分析的几个特点,才能帮助我们更好地进行信息的有效分析。信息分析的几个特点分别是:

• 目标性:目标性是指我们在进行信息分析时要有的放矢,要具有鲜明的针对性。在进行信息分析前,我们必须明确进行信息分析的目的是什么,根据不同的信息需求进行确切分析。

• 系统性:系统性是指我们在进行信息分析时,要使相关信息和知识系

[1] 陈功. 信息分析的核心 [M]. 北京:新星出版社,2010.
[2] 卢泰宏. 信息分析 [M]. 广州:中山大学出版社,1998.

统化、精确化，以便我们可以有效地加以利用。例如，我们可以系统地收集相关信息素材，系统地进行整理，构建我们个人的系统的信息库；在进行分析时，我们也要有系统性，譬如以纵向（历史—现状—未来）的时间序列进行分析及横向（多领域—多维度—多角度）进行综合分析。只有这样，我们才能对所研究的问题有一个全面的认识，并且做出客观、正确的判断。

• 创造性：我们在进行信息分析的过程中，常常会遇到新问题、新情况、新事物、新技术，需要在全面收集有关信息素材的基础上，经过创造性的智力劳动，产出信息分析的成果，以支持我们做决策。最终的信息分析产品并不是原始信息的简单堆砌，而是信息分析人员智慧和技巧的结晶，具有鲜明的创造性。[1]

• 时效性：对于信息所具有的时效性，我们已经有一定的了解。信息所具有的时效性，使我们所进行的信息分析也具有很强的时效性。现代科学技术的迅猛发展，缩短了信息的使用寿命。在信息分析中所提到的时效性应有一个上、下时间限度。如果超过时间上限，信息分析成果就没有任何意义；如果低于时间下限，由于干扰环境的变化，信息分析成果的价值将大大降低，甚至失去价值。[2]

二、我们该如何进行信息分析呢？信息分析有哪些方法？

1. 分析法

客观事物是复杂多样、普遍联系的。一方面，某一事物的存在并不是孤立的，它总会以各种各样的形式与其他事物产生联系；另一方面，某一事物本身也是由各种要素构成的，各个要素之间也存在着各种各样的关系。我们可以通过由此及彼、由表及里的链条式研究，通过具有逻辑性的分析和推理来了解我们所需要的信息。我们进行分析的意义就是寻找解决问题的线索，并且以此来解决问题。[3]

---

[1] 王伟军，蔡国沛. 信息分析方法与应用 [M]. 北京：清华大学出版社，2010.
[2] 卢小宾，郭亚军. 信息分析理论与实践 [M]. 北京：清华大学出版社，2013.
[3] 卢小宾，郭亚军. 信息分析理论与实践 [M]. 北京：清华大学出版社，2013.

2. 综合法

综合法是把对事物的各个要素的认识统一为整体的认识，从整体上把握事物的本质和规律的方法。它是在分析的基础上进行的，是指我们在进行信息分析和思考的过程中，要将与这个事物相关的所有要素结合起来一起考虑，可以包括事件的情况、相关数据和一些素材等。通过对各个要素的分析，从错综复杂的现象中探索各要素之间的相互关系，从整体的角度把握事件发展的规律和本质。[1]

3. 比较法

事物之间存在差异性和同一性，我们通过信息比较，可以对事物间的异同进行鉴别，在此基础上进行选择和发展。比较法是通过整理已有的信息并进行分类比较做出系统的分析的方法，即对比各个事物，确定其差异点和共同点的一种逻辑思维方法。[2]

4. 推理法

推理法实质上就是通过多个已有条件推断出一个新的结论的思维方法。具体而言，就是指我们在已经掌握了相关情况、数据、素材等事实条件的基础上，通过一些逻辑关系进行一步步的推理，最终得出一个符合逻辑的新结论的方法。[3]

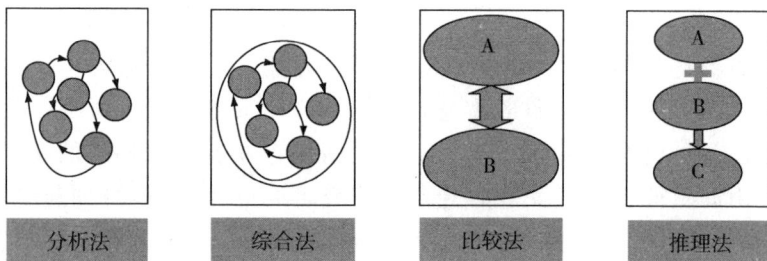

| 分析法 | 综合法 | 比较法 | 推理法 |

图 3 - 4 信息分析方法比较图

［1］ 丁建琴. 信息分析方法体系的构建［J］. 情报探索，2011（07）.

［2］ 卢小宾，郭亚军. 信息分析理论与实践［M］. 北京：清华大学出版社，2013.

［3］ 丁建琴. 信息分析方法体系的构建［J］. 情报探索，2011（07）.

表 3‐1　信息分析方法比较表

方法	基本步骤/注意事项	具体方法
分析法	①明确我们进行分析活动的目标； ②将事物划分成多个相对独立的组成要素； ③对构成整体的各个要素的特点进行思考； ④探明构成事物整体的各个要素之间的相互作用、相互联系的情况，进而研究这些关系的性质、表现形式等。	因果分析 表象与本质分析 相关分析 典型案例分析
综合法	①明确进行综合分析活动的目标； ②把握构成事物的各个要素； ③进一步确定各个要素的结构形式和有机联系； ④将各个部分重新组成一个整体，从整体的角度把握事物的本质和方向。	简单综合法 系统综合法 分析综合法
比较法	①要注意可比性，进行比较的各个对象要具有共同的基础； ②要确立一个客观可行的比较的标准； ③要注意比较方式的选择和比较内容的深度； ④要注意图表和数据的使用。	定性比较 & 定量比较 静态比较 & 动态比较 时空维度比较 全面比较 & 局部比较
推理法	①推理的前提必须是正确的； ②推理的逻辑必须是合乎思维规律的。	归纳推理 假设推理

❀ **行动研修**

　　视觉是我们日常生活中最主要的信息获取途径。人们日常生活中大约70%的信息是通过视觉获取的，并且50%的脑神经细胞与视觉相连，[1] 人类的视觉功能允许我们对大量抽象的信息进行分析，可视化图像在传达信息的时候可以比任何方式都更加直观、快捷和有效。因此，信息处理的可视化技术可以充分发掘我们的视觉潜能。为了更加了解信息之间的相互关系和发展

[1]　李琦，陈少强. 走进信息可视化 [J]. 中国计算机用户，2003 (23).

趋势，我们将可视化技术运用于信息分析中。信息的可视化是我们在进行信息分析时所要运用的必不可少的一种技术方法。

一、什么是信息可视化?

其实简单来看，可视化就是这样的一个过程：基于我们对图像信息的快速识别的自然能力，在信息分析过程中将我们的信息和知识转化为一种视觉形式来进行呈现和表达的过程。可视化的形式可以大致分为两种：第一种就是我们利用纸笔，将信息节点和自己的思考进行整理；第二种就是借助一定的技术工具完成我们的信息分析。在这个信息日益丰富的社会中，可视化技术的应用在一定程度上已经改变了我们每个人呈现和理解繁杂信息的方式（见图 3-5、3-6）。

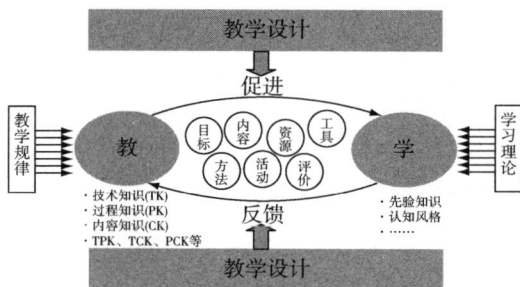

图 3-5 教学设计内涵图

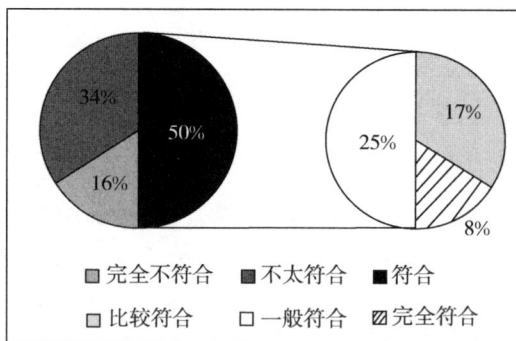

图 3-6 学生在线学习技术困难情况扇形图

二、如何进行信息的可视化?

一般来说，信息分析成果的可视化主要指的是一些数据、文字内容、要素关系之间的可视化。大数据时代，在海量的数据海洋中，其实单独的数据本身的意义并不大，汇集了人类社会方方面面的大数据则蕴含了人类进行各种社会活动的普遍规则和本质。清晰地分析这些数据，我们能够更好地运用这些数据。可视化技术可以帮助我们更加有效地、更加快速地了解信息背后的意义和规律。信息分析结果的可视化一般分为三个主要步骤：

1. 信息预处理

信息分析成果中包含了大量的数据信息，这些信息包括符号、结构、图像与信号等。对信息分析结果的可视化呈现，需要我们对这些初级数据进行预处理，筛选关键和重要的信息，既要保证信息分析结论的客观真实性，又要突出核心结论。[1]

2. 可视化模型设计

我们要选择设计运用何种可视化模型将信息分析的结果表现出来，可视化模型设计主要是指将上一步我们预处理后的数据信息转换成图形信息（图像）的过程。一般情况下，可视化模型主要是通过一些几何图形组合而成的，不同的几何形状可以对应不同的信息元素或含义，数据的不同特征也可以通过形状、颜色、体积等图形特征更加直观地体现出来。[2]

3. 绘制与显示

在将可视化模型转换成图像的过程中，我们可以借助多种不同的可视化工具进行绘制。[3]

例如：

- 可以通过 PPT 这种简单的软件实现各种类型的关系图的绘制；

---

[1] 卢小宾，郭亚军. 信息分析理论与实践 [M]. 北京：清华大学出版社，2013.
[2] 卢小宾，郭亚军. 信息分析理论与实践 [M]. 北京：清华大学出版社，2013.
[3] 卢小宾，郭亚军. 信息分析理论与实践 [M]. 北京：清华大学出版社，2013.

• 可以使用 Excel、Tableau 这类工具实现数据分析结果的可视化；

• 可以利用思维导图等形式去表现信息分析的结果和我们的个体认知结构。

绘制工具选择的要点就是：小技术解决大问题。要发掘这些应用的小功能，认真思考它们可以完成怎样的绘制。

第四节　信息整合：创造出新的信息

案例与分析

案例直击

王老师休闲放松时总喜欢看看公众号，许多教学科研类的公众号定期都会发让人很有启发的文章，还有教师会申请个人公众号分享好的课程案例。王老师在浏览过程中看到非常好的案例和受到启发的内容就会进行"收藏"。一天，王老师正在进行关于"植物生长条件"的备课，突然想到前几天在公众号上看到了一个教师在科学课上进行的"植物生长项目"：学生通过自己观察植物的状态，控制空气的湿度、光照的强度及温度等，真实地参与到了植物生长过程中，也在参与过程中记录下了自己的"植物观察日记"，有些学生用文字的形式记录下自己设置的条件和植物的生长状态，还有些学生画了一幅又一幅的图片展示植物的生长变化。王老师记得当时很受启发，还想着下次讲到这个内容时可以参考这样的教学方式，可是王老师平时收藏的内容太多了，把微信收藏的内容翻来翻去怎么都找不到了。后来偶然间王老师在朋友圈看到其他教师转了这一篇文章，可是当时看这篇文章时闪现的灵感怎么都想不起来了。王老师十分苦恼，明明自己很有心地把这些信息都收藏起来了，可是在想要用的时候怎么也找不到了。

案例诊断

在信息时代，我们从信息海洋中检索出自己所需的信息，这只是一个开始，最重要的是我们如何使用信息，把这些信息进行梳理和二次创造，形成我们自己的内容。也就是说，信息的检索、筛选和分析都只是我们利用信息的前期准备工作，如何整合所得的数量庞大、内容庞杂的信息，才是我们使用和创造信息的重中之重，也是我们不可忽视的能力。在信息梳理和整合的过程中，我们要思考这样一些问题：

- 我要解决的问题是什么？
- 这些信息与我要解决的问题之间是什么关系？
- 这些信息之间是什么关系？要如何把它们有逻辑地联系起来？
- 根据这些信息，我还能想到什么？
- 这些信息足以支撑我的论点吗？
- ……

理论与应用

◎ 理论导航

信息整合是什么？有什么特征？

"整合"，从字面上看，就是整理之后再组合创造的过程。信息整合是指我们在已有信息的基础上进行分析、组合和创造的过程。信息整合能力就是指人们将各种类型的信息集合进行筛选、分析、优化组合、综合利用、加工创造的一种能力。[1]

信息整合具有综合性、创造性和逻辑性。（1）综合性：信息整合的基础是对信息的大量收集和梳理，将相关的信息进行综合的梳理；（2）创造性：信息整合是在已有信息的基础上进行梳理再创造的，非常能体现一个人的创造力；（3）逻辑性：将信息按照一定的逻辑进行整合，信息整合往往具有很强的个人色彩，一个人进行信息整合的过程往往可以表现出其思考问题的

---

　　[1]　百度百科. 信息整合能力 [EB/OL]. https：// baike. baidu. com/item/信息整合能力/
12741817.

方式。

ACT 信息整合模型

ACT 理论，原意为"思维的适应性控制"，也就是关于人类认知系统的整合和人体大脑如何进行信息加工活动的理论模型的简称。该理论由美国心理学家安德森于 1976 年提出，1983 年发展完善。这个理论从脑科学的视角解释了我们的大脑进行信息整合的过程。该理论指出，工作记忆、陈述性记忆和产生式记忆这 3 个记忆部分主要构成了 ACT 产生式认知系统。

工作记忆主要包括从陈述性记忆中所提取的信息、输入性信息的编码和我们进行产生式活动所执行的信息；

我们获取的外部世界的信息经过编码暂时存储在工作记忆中，并且将需要长时间保存的信息存储到陈述性记忆中；

匹配过程则主要是把工作记忆中的信息与产生式活动的条件相对应，执行过程就是把匹配成功的信息所引起的行动发送到工作记忆中。

执行前的全部产生式匹配活动也称为产生式应用，在应用中还可以学习到新的产生式，这表明根据 ACT 理论，程序性学习是"做中学"的。最后的操作由工作记忆完成。

❀ 行动研修

如果你在网上浏览了大量的信息，也许有一天你会想要把这些信息用在你自己的课件或研究论文中。在开始之前，你需要花点时间整理一下你的想法，甚至检查一下你自己的思维过程。你必须知道如何把信息放在一起，以便有效地使用它（并创建一些你可以为之自豪的东西）。

一、整理你的想法

Tip 1：提前计划

你打算做什么工作？工作不同，过程将是不同的。例如，如果你要创建一个 PowerPoint 演示文稿，你可能希望将内容组织成简短扼要的幻灯片，而不是完整的报告。如果你正在为学校写一篇研究论文，想想你将如何利用你的资源，你是想直接引用研究者的观点，还是简单地把他们的发现写进你的文章里。不管怎样，你都需要正确地引用资料。你也可以利用这段时间来试一下你计划使用的软件或方法。

Tip 2：列一个大纲

把你计划要做的事情列一个大纲。这个过程对每个人来说都是不同的，取决于你打算创建什么。你的大纲不必很详细，写下必要的信息来帮助你组织你的想法和设想最终的结果。

Tip 3：记录你的想法

打印一份你收集的资料，这样你就可以手写笔记了。或者你可以下载一个笔记应用程序，它可以让你直接在电脑或手机上做笔记（以及做其他有用的事情）。这类软件还可以帮助你保存和整理你的笔记，使它们更容易找到，例如，Office OneNote、手机的备忘录、PDF 编辑软件等。

Tip 4：收藏你的创意来源/资源

将你的资料收藏起来有两个原因：如果你需要重新查看资料，你可以参考它们，这样你就可以正确引用你的资料的所有东西，比如作者和网址。你可以使用浏览器的内置书签功能（还称为收藏夹功能）将源代码添加到书签中。或者你可以使用工具在线保存你的书签。这些工具不仅能让你在任何一台电脑上访问你的书签，还可以帮助你组织书签并对它们进行标记。

二、检查你的思维过程

检查你的思维进程并且整合信息。在网上查找和使用信息时，整合是很重要的。即使你已经做了很多研究，并且感觉你已经理解了这个主题，但也必须知道如何结合它来创造新的东西。否则，你将无法有效地使用你的信息。

三、改善你的思维过程

为了将信息合成新的东西，有时你需要仔细查看你的信息源。你对课文理解得够好了吗？你能得出自己的结论吗？你有信心把你的想法写下来吗？如果没有，你可能需要运用一些批判性思维。批判性思维是一种技巧，你可以用它来反映你所看到、听到或读到的东西，以便更好地进行理解。

• 总结：这篇文章的主旨是什么？你能列出主要观点吗？

• 反映：你有过相同的经历吗？你那个时候是什么样子的？你遇到这样的情况想要怎么办呢？

• 结合：想象一下你正在写一篇关于这篇文章的评论或推荐。你想和你的朋友们分享它，也想回忆你自己的经历。

第五节　信息表达：正确地表达信息

案例与分析

案例直击

张老师是今年新入职的历史教师。对历史充满兴趣的张老师在得知自己可以加入教师行列传道授业解惑时，心中满是欢喜，踌躇满志。张老师在入职前花了大量的时间进行备课，因为她在高中时便沉迷于各种历史人物、历史事件中无法自拔，所以她也准备了大量的课外资料，想把自己知道的与课本内容相关的知识都传授给学生。在制作课件时，为了提高学生的学习积极性和对历史的兴趣，张老师还插入了许多图片、视频资源。就在认为自己的准备万无一失、学生们一定会喜欢的时候，在期中考试之后，张老师被学科负责教师叫到了办公室，该教师语重心长地说："小张啊，我知道年轻人刚入职有满腔热血，也知道年轻人喜欢很多快餐文化和流媒体，但是也要把握我们教学的核心内容啊。毕竟这帮孩子以后是要上高考考场的，教学的重点还是要在教学大纲的范围里。"从学科负责教师的办公室出来，张老师立马去了自己授课的班级，找了几个学生询问上课的情况，同学们说："老师，我挺喜欢你的课的，感觉很有趣，你也会给我们扩展很多内容，但是不知道为什么，一下课我就忘记你在课堂上讲的内容了，考试的时候想到了相关的很多事件，但就是想不起题目问的历史事件。"学科负责教师和同学们的话把张老师从自己美好的教学幻想中拉入现实，那么张老师为什么会出现这样的情况呢？

❀ 案例诊断

　　我们身处在这个信息时代，无时无刻不在接收信息，也无时无刻不在进行信息传递和表达，小到我们的每个表情透露出我们今天的心情状态，大到我们的每次授课展现着经过我们精心安排和设计的教学内容。虽然有句话近来在网络中广为流传——"被误解是表达者的宿命"，但作为教师，我们仍然要坚定地表达自己认为对的观点和传授经过中华上下五千年文明检验的知识。然而，在日常生活和教学中，我们还是常常会得到与自己预想不同的效果，就像上述案例中的张老师一样。作为一名教师，我们总是恨不得把我们所知道的一切都传授给学生们。但需要注意的是，不同年龄、不同阶段的学生对事物的接受能力是不同的，如果过度地传递大量信息，在很大程度上会造成学生们的认知负荷。当一列火车从你身边疾驰而过，你看到它，听到它，感觉到风从身边疾驰而过，你马上就知道，你感觉到的一切都与火车有关。大脑顶叶皮层的一部分让你把注意力集中在一个地方，把所有感官的相关信息放在一起。有时这些信息会分散你的注意力。过于发散的内容不容易帮助学生把握教学的重点，在信息表达和课程教授过程中，我们要厘清所要教授的关键内容是什么，可以适当进行扩展，但需要注意的是，过多的发散内容会让学生无法掌握教学重点内容。此外，还需要注意的是，虽然多媒体资源在一定程度上可以帮助学生提高学习兴趣，但媒体信息过度叠加也会造成学生的注意力分散，而无法达到我们的教学目的。

理论与应用

◉ 理论导航

一、什么是信息表达？

　　信息表达就是指我们将信息清楚地、有条理地展示在受众面前，并且要保证我们所表达的信息是易于理解的。信息表达的终极目标就是让信息易于理解。

从信息表达的内容上看，我们可以把信息表达分为两种类型，分别是：

1. 对信息本身的表达

其实就是对信息本身内容的表达，例如，我们考虑用文字还是图片的形式表达"植物细胞结构"，或者考虑用动画还是用静态图片表达"胞吞和胞吐的过程"。

2. 对信息结构的表达

其实也就是对信息的整体逻辑及信息中各个元素间的关系的表达。例如，在表达"A 包含于 B，B 包含于 C"这个信息时，我们就可以通过环环相套的形式来展示 A、B、C 三个集合之间的关系，如图 3 - 7 所示。通过可视化方式表达信息，其实就是将抽象的数据关系、信息结构进行可视化表征，通过图示帮助我们加强对一些抽象信息的认知。可视化的信息表达主要帮助我们对数据、元素、信息间的相互关系和发展趋势有更加深入的理解，所以信息的可视化表达的并不是数据本身，而是数据之间的关系。通过可视化的形式进行信息表达主要有两个目标：一是"化复杂为清晰"，二是"使信息更容易理解"。实际上，前一个目标也是实现后一个目标的一种中间途径，让信息变得更清晰也是为了让人们更加理解信息。[1]

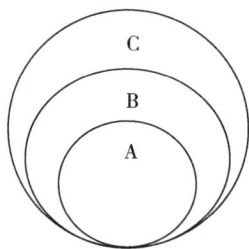

图 3 - 7　"A 包含于 B，B 包含于 C"示意图

二、我们日常表达的信息有哪些基本形式？

构成信息的基本元素有三种——文字、数字和图，这些元素各有各的

---

[1] 孙志茹. 基于信息构建的网络信息组织与信息表达 [D]. 黑龙江大学，2006.

特点：

1. 文字

文字是我们表达信息时用得最多的形式。不管是在传统媒介（书籍、报纸等）还是在新媒体中（公众号、微博等），我们表达信息时用得最多的还是文字。"描述性"是文字最大的特征，使用文字可以对抽象的事物进行具体的外形、结构、材质、个人感受等多方面的表达。并且在计算机系统中，文字所占用的内存也非常小，所以文件传输、下载都会非常快。

2. 数字

数字的特点就是清晰明确，例如，在对学生的升学率进行呈现时，我们首先就会选择百分比数字。但要注意的是，使用数字进行描述时，需要让大家明白数值的范围、阈值或参照标准，以便大家可以理解这个数字所代表的程度是怎样的，如果大家以百分制来看待"39"这个数字，可能会认为这个学生考试成绩不及格；但如果以正常体温 36℃—37℃ 来看，则表明这个人发烧了。另外，我们需要注意的一点就是对精度的把握。在建筑学、数学等领域，数字的精度非常重要，可能因为小数点的位置错误决定了一个建筑的失败；可在日常生活中，我们往往不需要非常精准的数字，例如，在对中国人口数量进行表述时，我们没有必要精确到个位数。

3. 图

相较文字和数字而言，图非常直观和清晰，可以将一些抽象的信息具体地展现出来，具有非常好的信息表达功能。但是在使用图的时候，我们需要特别注意的是，图要清晰，具有象征性、逻辑性，图片也不宜太过复杂，因为我们的目标是使人理解，而不是看起来"高大上"。[1]

以上就是三种基本的信息元素。在网络时代，新的信息技术大大丰富了信息表达的元素形式，如今构成信息的元素包括文字、数字、图形、统计图表、静态图像、动态图像、三维图形、四维动画、音频等。在表达信息时要考虑不同元素的特点，选择合适的信息元素来展示信息。我们常常选择其中

---

[1] 孙志茹. 基于信息构建的网络信息组织与信息表达 [D]. 黑龙江大学，2006.

一种作为主要形式，用其他形式作为补充和拓展。人物适合用文字表达其性格和心理特征，建筑适合用图片表达其宏伟壮观的外在形象，成就与变化适合用数字表达其程度和动态。文字、图片、声音的配合会促进人们的理解。[1]

三、我们如何选择信息表达的基本元素？

在选择这些信息元素时，应注意以下原则：[2]

1. 忠实地、准确地、直观地表述事物

在进行信息表达和创造的过程中，我们必须要遵循事物的客观性，表达出信息本来的内涵。虽然每个人对于信息都有个性化的理解，但我们要在社会共识之下进行理解，而不能随意地曲解信息，更不能恶意地揣测信息。

2. 采用最经济的方法节省时间和费用

在日常教学中，我们有工作时间、经费等因素制约，在日常备课时，若要花费大量的资金购买教学资源，花费大量的时间制作课件，还不如选择优质的网络教学资源，节省的时间可以用来思考如何将课程更加完善，如何提升学生的学习兴趣和参与度。

3. 选择促进听者联想式学习的方法

在日常教学中，我们常常会在课前向学生发布一个课前问题，帮助学生建立起新旧知识之间的联系，同时促进学生思考。在课堂教学中，多采用促进学生联想的教学活动，可以帮助学生更好地理解内容，培养学生发散思考的能力。

4. 使用更易于听者理解的表述方式

笔者读研究生的时候，常常对老师的问题充满了疑问，为什么一个简单的问题非要表述得那么学术化让人听不懂呢？其实采用简化的表达方式并不会显得我们不够专业，而是创造了促进学生理解问题的机会，学生只有理解

[1] 孙志茹. 基于信息构建的网络信息组织与信息表达 [D]. 黑龙江大学，2006.
[2] 周晓英. 基于信息理解的信息构建 [M]. 北京：中国人民大学出版社，2005：98.

了问题，才能更好地去思考和解决问题。

5. 形成与听者的交互和对话

我们进行信息表达的时候，一定要注意提供与听者进行交互的机会，例如，提一些问题，进行一些问答，做一些互动游戏，等等。与听者的交互不仅可以缩短与听者的心理距离，激发听者的兴趣和积极性，还可以加深听者对内容的理解，同时可以反映出听者的一些问题和情况。

❀ **行动研修**

我们该如何表达信息呢?

1. 保持多样性：选择合适的媒体表现形式

媒体表现形式的选择主要是指根据教学内容分析、教学对象的学习风格及教学活动的特征，结合不同类型资源的特性，对教学辅助工具也就是资源的类型进行的选择。教学实践中使用较为广泛的资源类型有以下两种：多媒体课件和微课视频，后面将对这两种资源的制作进行详细介绍，除此之外，资源类型还有教育游戏、虚拟实验等。

媒体的表现形式应强调技术的恰当性，而不是复杂性和先进性。不可否认，技术支持的信息化资源在某些方面解决了教学的难点，使原有教学中的不可能变为可能，但这并不意味着技术就代表了质量，技术越复杂越先进，信息化资源质量就越好。在教学实践中我们经常会看到这样的现象：本来使用简单的演示文稿就能表现的教学内容非要使用 Flash 等工具来展示，以及本来简单的教师评价的话语硬是使用信息化工具来展现，类似这样的一味地强调技术的复杂性而忽视资源原有作用的现象层出不穷。每一种资源类型都有其适用范围，根据不同的教学内容和教学条件选择合适的技术开发教育资源才是正确的选择。

2. 保持简单化：关注核心信息，减少干扰信息

在进行信息表达时，我们应该时刻记住这样一个问题：我究竟要传达的关键信息（或者三个关键点）是什么？我们应该非常精练地提炼出我们所希望表达的关键信息，而不是洋洋洒洒表达很多内容，但牛头不对马嘴，让人

摸不着头脑，不知道你究竟要表达什么。除了精简信息，我们还应该减少表达中的各种干扰信息。例如，在进行多媒体展示时不要贪图媒体信息的丰富和多样性而过于花哨，要精简媒体画面，减少视觉信息给学生造成的信息干扰；在进行讲述时，要把握信息核心思想和关键信息，避免冗余信息给学生造成的信息干扰。我们的重点在于保持核心信息的集中和精练，如果我们所计划的表达并不能传达核心信息，那可以选择不展示。

3. 保持吸引力：学会运用逻辑思维讲故事

故事可以帮助我们集中注意力，也可以帮助我们记住事情。如果你能在演讲中使用故事，接收你所表达的信息的人更有可能会感同身受、产生共鸣，并在结束后记住你的观点。从一个故事开始是一个好主意，但还有一个更广泛的观点：你需要让你的表达和演示表现得像一个故事。在信息的表述中，逻辑思维很重要，用有逻辑的方式讲一个引人入胜的故事不失为一个好办法。

发掘信息背后的故事。为了有效地讲述一个故事，在你的演讲中可以使用两种基本的讲故事方式：关注人物，因为人们有故事；关注事物，对于直接参与你的主题的事物，你可以把它作为故事的焦点，你可以专注于描绘某一特定的角色。此外，故事需要有一些随着事件发展而动态变化的内容。

第四章

工具应用：教师依靠信息技术改善教学

导言

"工欲善其事，必先利其器"，就像工匠要想干好活儿一定要先让工具锋利一样，教师要想在短短 45 分钟的课堂上抓住学生的心，同样需要得力的工具辅助教学。当前信息化教学飞速发展，教学呈现出全新的状态，各种新型教学工具层出不穷，例如，互动交流工具调动课堂气氛，统计分析工具精准抓住教学问题……在教学中合理使用工具不仅减轻了教师的教学负担，还使课堂教学迸发出新活力。

第一节　强大的技术：教学中为什么要使用工具

案例与分析

🍃 案例直击

新学期开始了，作为学校的骨干教师，李老师义不容辞地加入高三年级的教师队伍中，与高三学子们一同备战高考。在开学的第一天，甄校长走上主席台致辞："天将降大任于斯人也，必先卸其 QQ，封其微博，删其微信，去其贴吧，收其电脑，夺其手机，摔其 iPad，断其 Wi-Fi，剪其网线，使其百无聊赖，然后静坐、喝茶、思过、锻炼、读书、弹琴、练字、明智、开悟、精进，而后必成大器也。"甄校长的一番发言改编自文言文《生于忧患，死于安乐》，引得众学生哈哈大笑，然而这引起了李老师的思考，难道为了读书，学生们真的就要拒绝科技，痛恨科技吗？

🦋 案例诊断

随着科技的发展，越来越多的技术走进了人们的视野。走出家门，共享单车、滴滴打车、12306 订票系统方便人们的出行，微信、支付宝付款让无纸化交易得以实现，3D、4D 电影增强了人们的观影体验……回到家中，智能门锁实现不用钥匙就能开门，美团、饿了么等送餐业务让人们足不出户吃大餐的愿望成为现实，冰箱、扫地机器人等智能家电设备让人们摆脱繁重的家务……技术的介入，实现了"从不能变为可能，从小能变为大能"的巨大转变，使人类社会变得越来越智能化、信息化。

与年长的一代人相比，现在的学生都出生在信息时代，这是一个充斥着网络、智能设备、电子产品的世界，他们从小就不缺电脑、手机等新兴科技工具，甚至可以说，他们是与信息时代共同成长的，因此，他们被称为"网络一代""屏幕少年""数字原住民"……对于他们来说，技术就像是"太阳每天东升西落"一样，自然而然地存在于他们的日常生活中。当然，在他们接受教育的过程中，技术同样不可缺少。在教育教学领域，各种各样的技术工具层出不穷，有的作用于课堂互动，有的专注于教学数据分析，有的则旨在为学生提供更加多样化的学习情境……为此，教师应借助合适的技术工具为学生创造适合他们的学习环境。

理论与应用

◎ 理论导航

技术的进步给人们的工作与生活带来了极大的便利，涉及"衣食住行"方方面面，那么，在教育教学领域中，技术的优势具体体现在哪几个方面呢？

一、丰富的信息表现

技术的介入使原本枯燥抽象的知识"活"了起来，文字、图片、动画、视频、声音、虚拟环境等其中一种形式或几种形式的组合，让知识拥有了更多的表现形式，调动了学生视觉、听觉、嗅觉、触觉等多种感官，有利于吸引学生的注意力。例如，近年来被教育工作者广泛应用的微课，以其"短小精悍"的特点被人们所熟知，教师借助微课将抽象枯燥的知识生动、形象地展示出来，营造有趣味、有探究性的环境，激发学生的学习兴趣。然而教师要想自己制作一节微课确实不是一件容易的事情，需要借助文档编辑、视音频录制与剪辑、动画制作等一系列软件工具。

二、情境化的探究拓展

随着教育研究工作的深入，人们对教育的认识逐渐趋于理性化，在一次次的课程改革、教学大纲改革中开始意识到以往"教师讲，学生听""黑板＋粉笔"的常规教学情境已经不能满足学生的学习需求，需要增强课堂的生活性、情境性、趣味性。这时，技术就发挥出了自身的优势，为教师提供了新思路。例如，百度地图等地图工具，提供水平方向 360°及垂直方向 180°的街道全景，让使用者能观测所选地区街道两旁的景物。再比如，近年来火爆的花卉、树木识别工具，学习者即拍即获取花草树木的名称、品种、药用价值等信息。

三、学习数据的精准分析

学生在学习的过程中会产生大量的数据，如各阶段考试成绩、每日作业完成情况、学生学习活动记录等。在以往的教学中，这些过程性的数据常常被忽视，教师将更多的注意力放在了学生期中、期末的考试成绩上。此外，在大班化教学中，教师一人要面对 30—40 名学生，甚至是五十多名学生，教师要想面面俱到，给每个人都提供个性化、有针对性的教学，显然是有困难的。技术的优势则在于能够处理人工无法完成的海量数据，实现高效的数据采集、结构化的存储及精准客观的分析。在现代化教学工作中，技术工具的使用使个性化、精准化教学得以实现，教师借助数据分析工具中强大的信息管理资源库为每一位学生建立学习成长档案袋，记录学习过程中的点点滴滴。

四、增强课堂师生互动

师生互动是课堂教学的重要组成部分，良好的师生互动有助于增强课堂的学习氛围，通常情况下互动由教师发起，然后教师邀请学生回答问题、协助教师完成某一活动、上台展示或是进行小组合作等。上面提到的这些互动形式在现实课堂教学中十分常见，教师采用起来也是得心应手，然而当真正走进课堂时，你就会发现，这样常规的师生互动对学生来说似乎缺乏了"新鲜感"，并不能有效地调动他们的积极性。技术工具的介入则可以为教师开展师生互动提供新点子，市面上存在各种各样的互动工具，如由抽奖装置改造而成的随机点名工具、由视频弹幕互动演变而来的课堂弹幕互动工具……这样的新型互动方式对学生来说充满着神秘感，他们会带着强烈的好奇心积极地参与到互动中。

五、虚拟社区的分享参与

在当今社会，上至 80 岁的老人，下至学龄前的儿童，只要你想学习，你就能学习。科技的飞速发展打破物理时间和空间的限制，学习者不必被局限在严肃的课堂中，在规定的时间段内集中接受学校教育，越来越多的人开始选择在互联网上学习知识。在这样虚拟的学习环境中，学习者们根据学习兴趣、所学课程、个人喜好自行组成学习小组或学习社区，通过电子邮件、视频会议、论坛、QQ 群组、微信群聊等形式进行有效的资源共享与信息交流。在虚拟社区中，每一位成员既是知识的拥有者，又是知识的需求者，通过彼此的互动交流实现知识的共享。

六、促进教师专业发展

21 世纪是一个信息化、网络化的时代，科技的迅猛发展使各行各业都开始转变，教育领域也不例外。在教育朝着信息化方向发展的过程中，教师面临前所未有的挑战，教师不仅要更新自身的教学观念，还要掌握必备的技术能力，例如，学习使用各种先进的软件技术，摸索出一种能够很好地将技术与学科教学融合到一起的教学方法，等等。除此之外，技术的进步也为教师提供了更加丰富的学习资源，例如，借助微信公众号（像"中国微课""萤火虫数学工作室"等）、教育教学网站（像"爱课程""第一 PPT""教习网""学科网"等），或是加入相关教学研讨微信群与同领域工作者共同探讨教学问题，以提升自身专业能力。

🏵 行动研修

技术工具介入现代教育教学工作，加快了教学信息化发展步伐，同时促进了教师的专业发展。那么，教师在教育教学中可以使用哪些工具帮助自己更好地开展教学呢？大体来看，技术工具可以根据应用类型分为"信息呈现工具""知识建构工具""课堂互动工具""数据分析工具"及"分享交流工具"五类。

一、信息呈现工具：促进学生深度理解

信息呈现方式有很多，除了常见的文字，还有视频、动画、照片、模型图、真实模型等，表现形式不同，自然传达出的内容也有所不同。在信息化教学中，信息呈现工具成为教师教学工作中的得力助手，它们将原本繁杂、无序的信息内容变得形象化，具有条理性。例如，教师使用思维导图绘制教学内容框架，在课程刚开始或者即将结束的时候，学生看图即可准确把握文章的整体结构、层级关系及各内容之间的内在逻辑联系，从而快速了解或回顾整堂课内容。

此外，教学中还经常出现各种图，像电路图、几何图、生物结构图、地理地形图等，这些图形图像的应用能够帮助学生以更为形象的方式理解抽象的事物。在现实生活中，大部分教师会选择直接使用网络上现成的图片，这样的图片虽然获取方便，但存在清晰度低、无法再编辑等一系列问题，如果教师能够自行制作图片无疑是更好的，这时就可借助一些技术工具，如几何画板、网络画板、亿图科学绘图软件等绘图工具。

二、知识建构工具：形成学生的知识结构

学生在知识建构的过程中不仅需要持有"对某一事件的观点、看法"并配合一些"手段的使用"，还需要与学习伙伴进行交流学习，因此，我们十分鼓励在教育教学中开展以小组为单位的协作学习。为了让学生更好地开展协作学习，形成知识结构，教师可借助微信、QQ 等社交聊天工具，石墨文档、腾讯文档等协同编辑工具，以及语雀、熟客平台等在线协作学习平台，为学生提供更加便捷的服务。

三、课堂互动工具：实现有效的师生互动

师生间良好的互动有助于教学活动的开展。教师可以通过学生的反馈及时调整自己的教学步调，进而将教学内容以更加适合学生的方式传授给学生，而学生可以通过与教师、同学互动更好地理解教学内容。以往的互动方式或许缺乏新鲜感，又或许不适合教学，这时技术手段就发挥出了它的优势，如课前签到、限时提问、拍照上传、弹幕交流……像 UMU、雨课堂这样的互动软件在市面上还有很多，这些软件虽然很小，但所具备的功能总是能让人眼前一亮，为教师创造全新的师生互动模式提供支持。

四、数据分析工具：帮助教师进行精准教学

学生在学习过程中产生的数据尤为重要，它反映学生的学习状态、学习投入程度、学习进度、学习效果等内容。尤其是在新型冠状病毒肺炎疫情暴发以来，全国大中小学均无法正常开展线下教学，很多学校不得不采用在线教学的方式。教师看不到学生，无法了解学生的学习情况，因此在线教学中就隐藏着一个巨大的问题——学情数据分析问题。一方面，有些教师对这些数据缺乏关注，将注意力更多地放在考试成绩上；另一方面，有些教师面对在线教学平台上的庞大数据显得有些力不从心，不会分析。因此，运用数据分析工具对教师来说就变得十分重要了，工具可以根据学生参与教学活动产生的行为数据（例如，学习资源使用数据、微课观看数据、与其他同学讨论数据、提问数据等）及学习结果数据（例如，平时小测、作业、考试数据等），为每一位学生自动生成可视化的学习报告，供教师了解学生近期学习状况，帮助教师更好地实现精准教学。

五、分享交流工具：实现混合式教学

通过分享交流，我们可以表达自己的观点与想法，完善不成熟的地方；通过分享交流，我们同样可以聆听他人的观点，开拓自己的思维。在线下课堂中，教师可以借助老朋友——PPT、希沃交互式电子白板等设备及面对面

的交流讨论实现分享，在线上虚拟教学环境中，教师则可以通过钉钉、企业微信等软件中的视频会议、屏幕共享、头脑风暴等功能或者使用微信、QQ等社交软件开展交流讨论，使异地分享成为可能。

第二节　信息呈现工具：促进学生深度理解

案例与分析

案例直击

新型冠状病毒肺炎疫情期间，杨老师每天除了正常的线上教学，拥有了更多与女儿相处的时间。一天晚上，全家人坐在电视机前观看《新闻联播》节目，杨老师发现新闻的播报都是按照时间或地区等顺序进行的，而当遇到数据类型的新闻时，例如，"2020年3月份，全国居民消费价格指数（CPI）同比上涨4.3%，环比下降1.2%。1—3月平均CPI比去年同期上涨4.9%""一季度我国货物贸易进出口总值6.57万亿元人民币，比去年同期下降6.4%。其中，出口3.33万亿元，下降11.4%；进口3.24万亿元，下降0.7%；贸易顺差983.3亿元，减少80.6%"，都会借助折线图、柱状图等形式予以展示，而不是将大段的文字直接呈现给观众。另外，在《新闻联播》之后，杨老师无意间看到一个汽车广告，这个广告以"画面＋文字解说"的形式呈现。广告时长只有短短15秒，在这15秒内，陈老师却记住了该汽车的全部特点："最高续航里程可达594公里""百公里加速仅需2.6秒""全轮驱动双电机""Autopilot自动辅助驾驶""时速可达250km"，不仅如此，杨老师还直观地看到了汽车的外观，在路上看到这辆车时能够一眼认出它。

案例诊断

随着时代的发展、科技的进步，互联网技术、传感器设备及各种数字终端产品逐渐走入我们的生活中，现在的世界已经成为一个万物互联的世界，随之产生的数据信息也呈现出爆炸式的增长态势。在这个信息洪流中，全球每天收发 2 936 亿封电子邮件，进行 50 亿次网络检索，网民每人每天产生 1.5GB 的数据。

信息产生速度如此之快，传统的信息呈现方式早已落后，人们开始追寻更加方便快捷的信息获取方式，越来越多的人倾向于拿起手机、平板电脑，通过微博、微信、抖音上的简短文字、图片、视频等内容获取信息。当然，教育领域同样不例外，以往的书本文字式教材已经无法满足学生的学习需求，我们需要转变以往的教学信息呈现形式。

理论与应用

◎ 理论导航

对于教育教学工作者来说，打破信息呈现的固有方式，帮助学生更好地学习知识显得尤为重要。那么，教师应该如何转变信息呈现形式呢？

一、信息呈现形式有哪些？

首先，我们要了解现阶段教育教学中存在哪些形式的信息内容。教育教学中大致包括文字、图片、音频、视频四大类信息呈现形式，文字信息最为常见，例如，教科书上的定理公式、古诗文章、单词短语等，都属于文字信息；图片信息通常与文字信息配合出现，是文字信息更加直观形象的表现，例如，数学中的几何图形、地理中的地形地貌、历史中的英雄人物、生物中的细胞结构等，都属于图片信息；音频信息主要包括自然界中各种音源发出的自然声和由计算机、专门设备制作出的合成音，例如，古诗文章朗读、经典音乐演奏、单词短语发音等，都属于音频信息；视频同样十分常见，例如，实验操作演示、微观过程模拟、名人专家访谈等。

二、如何转变信息呈现形式？

通过上面的介绍我们发现，当今时代信息呈现形式多种多样。身为教师的你，是否曾在日常的教学工作中发现学生常常人在课堂，心却早就飞到了操场上？或者是学生看到文字就想睡觉呢？这时，教师们可以考虑转变一下信息呈现形式，具体可以从以下两个方面着手：

1. 信息呈现的条理化

书本上的知识大多分散存在，学生学习起来常常摸不着重点。因此，教师应该将书本上的内容进行再梳理，沿着学生思维发展的过程逐步展开。例如，在数学教学中，教师可以借助思维导图对各章节知识点进行概述并梳理知识点与知识点之间的联系。此外，教师也可将思维导图运用在课堂教学设计或者单元复习总结上。有条理地梳理总结课堂所学内容有助于学生对所学知识的理解与掌握，能让学生清晰地掌握一节课都学了什么，重点在哪里，以及各知识点之间的逻辑关系是怎样的，同时在一定程度上对学生的逻辑思维能力有所培养。

2. 信息呈现的可视化

无论是小学生还是中学生，其思维发展都是以具体形象思维为主要形式的，并随着年龄的增大逐步过渡到以抽象逻辑思维为主要形式。在学习过程中，学生难免会碰到一些较为抽象的知识内容，理解起来就会比较困难，掌握效果也并不好。这时教师就可以借助图片、音频、视频等方式将晦涩难懂的知识可视化地展现出来。例如，在化学课堂上，教师可借助视频、动画等形式将化学元素的微观分子结构直观呈现出来，这样不仅使教学更有效率，也使学生更有兴趣学习。

❀ **行动研修**

"工欲善其事，必先利其器"，工匠想要做好自己的工作，一定要先让工具锋利起来。在教学工作中，教师同样可以借助相关的技术工具改进教学内容呈现形式。那么，什么样的工具可以帮助教师将没有生命力的教学内容转化为富有条理性且可视化的内容呢？

一、文字信息呈现工具——MindMaster

MindMaster 是一款深受大家喜爱的思维导图软件，不仅支持 Windows、

Mac 和 Linux 等桌面环境，还支持在 iOS、Android 等移动端上使用。MindMaster 中除了包含思维导图、单向导图、树状图和组织架构图，还新增了鱼骨图、圆圈图、气泡图和扇形放射图等新式布局模板，大大满足了不同用户的使用需求。在教学工作中，教师可以借助 MindMaster 制作教学计划、课堂教学总结、课堂板书、教学反馈等，学生也可以借此展示自己对教学内容的反思。

叶老师正在给学生们讲苏格兰与英格兰的"爱恨情仇史"，历史教材中对这部分内容的介绍以时间顺序展开，"……早在 18 世纪就已出现，那时的它们彼此结为较为松散的共主邦联国家联盟。1707 年，苏格兰与英格兰两国谈判制定了《联合法案》，从此以后苏格兰在法律意义上成为英格兰的依附，此法案的确立使得两国结合，称为'大不列颠王国'，也就是今天英国的前身。但在二者合并之后，越来越多的苏格兰人要求独立。直到第一次世界大战爆发，苏格兰的脱离欲望也越来越大，开始开展独立运动。面对苏格兰一次又一次的独立运动，当时的英国首相撒切尔夫人开始大力扶持金融业和服务业，打压工会、破坏罢工，加速去工业化，这一举措不仅严重损害了苏格兰的利益，导致苏格兰地区的很多工厂都被迫关门，还在一定程度上加速了苏格兰与英格兰的分裂。之后，为挽回之前的损失，撒切尔夫人做出让步：允许苏格兰拥有地区议会。并于 1999 年承认苏格兰在地方政治、经济、法律、教育等方面有一定的立法权和行政权。在这之后，苏格兰民族党就在议会上赢得了多数的席位，开始大力推动独立公投。并在 2012 年，使得英国首相卡梅伦签署相关协议，自此之后英国政府开始尊重苏格兰的公投结果"。然而这样大段的文字直接复制粘贴到 PPT 上，学生根本没兴趣读，也抓不到重点，于是叶老师使用 MindMaster 软件将关键信息提取出来并绘制思维导图，如图 4 - 1 所示。

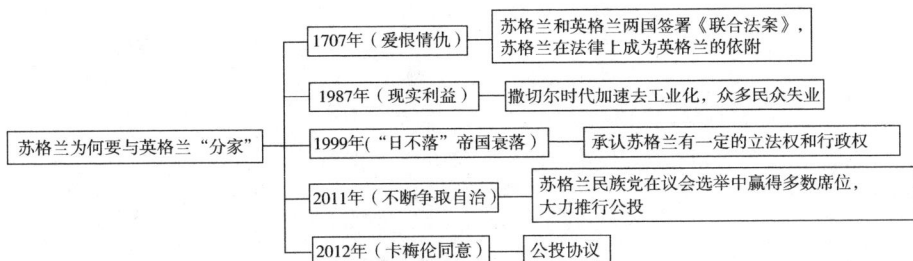

图 4 - 1 英格兰为何要与苏格兰"分家"

再如，在语文写作课堂上，教师可借助 MindMaster 构建教学的基本流程（图 4 - 2），从而方便自己对每一个操作环节进行具体备课。此外，在典型案例讲解时，教师也可以借助思维导图呈现优秀作文的大体结构和写作技巧，我们以"元宵节之夜"作文为例[1]，具体结构如图 4 - 3 所示。

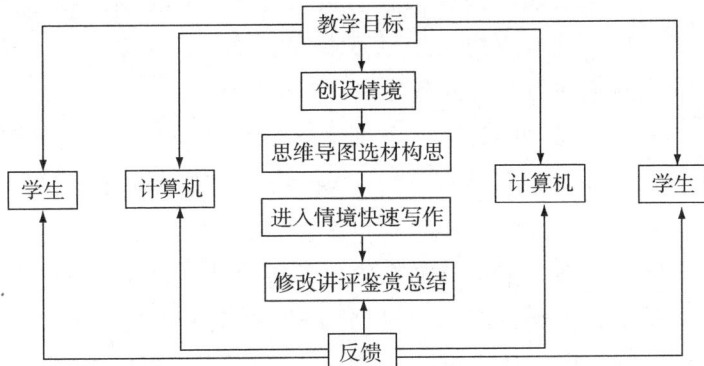

图 4 - 2 教学基本流程

---

[1] 邓敏杰，李占伟，张豪锋. 运用思维导图优化小学作文教学的实践 [J]. 中国电化教育，2012（03）：90—94.

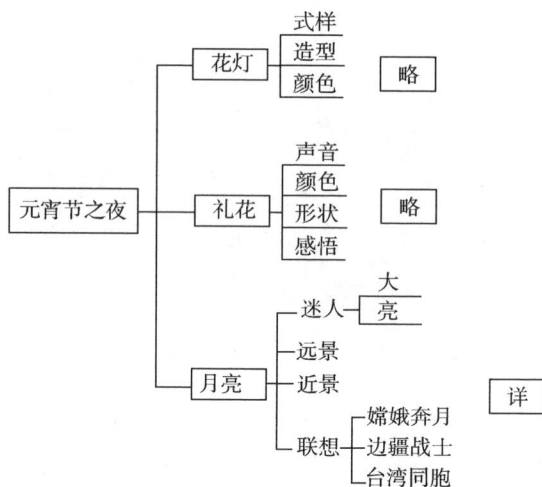

图 4 - 3 "元宵节之夜"作文结构

思维导图的介入,改变了以往的教学信息呈现形式,学生通过查看关键词和核心内容,快速了解前因后果、层级结构和相互关系。看了其他教师制作的思维导图,自己是否也想动手试试看呢?那么,这样的思维导图该如何画呢?我们以上面提到的"元宵节之夜"作文为例:

第一步——画主题:主题是整个思维导图的中心,也是绘制思维导图的第一步,一幅思维导图中只能有一个主题,在这里,我们的主题为"元宵节之夜"。

第二步——找关键:主题确定之后,紧接着就是确定主题下面的各个分支。这时我们就要对材料内容进行逻辑梳理,找出字里行间的关键词语,例如,本作文的关键词语包括"花灯""礼花""月亮""花灯式样""花灯造型""花灯颜色""礼花声音""礼花颜色""礼花形状""观看礼花之后的感悟""月亮大""月亮亮""近看月亮""远观月亮""嫦娥奔月""边疆战士"和"台湾同胞"等。

第三步——理分支:第二步结束之后,我们还要对关键词之间的相互关系、前后顺序进行梳理。在思维导图中,我们可以借助"插入主题""插入父主题"及"插入子主题"表示逻辑关系。例如,本作文结构包括三大部分——"花灯""礼花"和"月亮"。"花灯"部分介绍了花灯的式样、造型和颜色，这一部分属于略写；"礼花"部分包括声音、颜色、形状和观看礼花之后的感悟，这部分与"花灯"部分一样，属于略写；在"月亮"部分作者展开详细介绍，首先通过"大"和"亮"突出它的迷人，然后分别从远景、近景两方面描述月亮，最后发散思绪，联想到嫦娥奔月、边疆战士和台湾同胞。

第四步——画图：进行到这里我们就要开始画图了，MindMaster 为用户提供了丰富多彩的主题模板，商务风、简约风、可爱卡通等应有尽有，以满足不同用户的使用需求。除了使用模板，用户也可对所选主题的布局、连接线样式、编号、形状、颜色、线条粗细等进行修改。最后，绘制结束即可完成一幅精美且独特的思维导图。

二、图片信息呈现工具——网络画板、亿图科学绘图

网络画板是一款深受中小学数学教师喜爱的绘图软件，具有免安装、多端口、跨平台的特点，可以在手机、平板电脑、笔记本电脑等平台中顺利使用。几何画板不仅可以绘制函数、几何等静态图形图像，还可以对图形的平移、旋转、翻折、点动成线、线动成面等运动过程进行演示[1]，从而使得抽象难懂的数学知识转变为学生易于理解、便于观察的数学知识。在教学中，网络画板不仅适合教师演示讲解，还适合学生进行小组合作探究及动手实践，进而对知识进行深入理解。

例如，在初中数学《几何变换——平移、旋转、翻折》一课中，教师通常通过实际物体简易演示的形式向学生们介绍几何变换。这一教学形式不仅在无形中增大了教师课下备课的压力，需要提前制作简易道具，还对学生提出了较高的要求，观察简易道具运动轨迹并不轻松。对于刚刚开始接触几何变换的学生来说，他们很容易产生困惑。因此，我们可以借助网络画板对几何变换的过程进行演示，这样既能直观形象地展示图形运动轨迹，又能调动学生的学习积极性，加深学生对于几何变换知识的理解与掌握。图 4 - 4、

---

[1] 马梦荣，雍进军，张加林，杨干. 网络画板在中学数学教学中的应用 [J]. 贵州师范学院学报，2018，34（12）：80—84.

图4-5分别展示了用几何画板工具绘制的旋转、翻折运动轨迹。

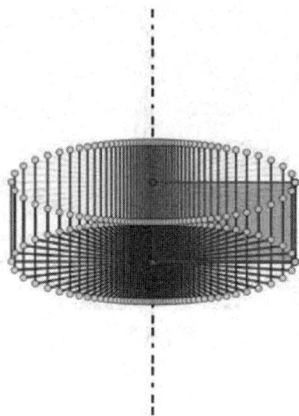

图4-4　图形旋转运动轨迹

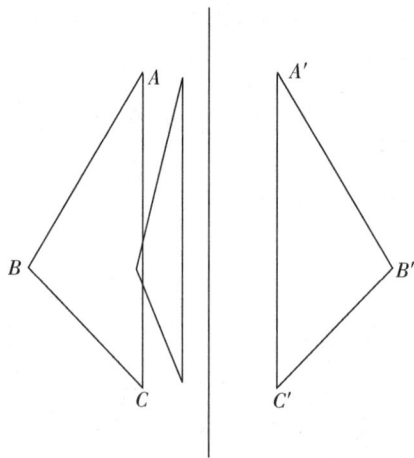

图4-5　图形翻折运动轨迹

如果有教师想要深入学习，也可以扫描下方二维码快速获取网络画板学习资源，或者输入网址 https：// www. netpad. net. cn/helpOnLine. html ♯/helpBook/index. html，以获取更多的操作指导和学习资源。该网站为热爱教学工作的数学教师们提供了详细的操作指南，内容涉及小学、初中、高中各学段，呈现形式有文字、图片、视频等。

资料链接：网络画板学习资源
网址：
https://www.netpad.net.cn/helpOnLine.html#/helpBook/index.html

网络画板更多地为中小学数学课程服务，然而除了数学学科，物理、化学、生物等学科也经常需要教师制作图片辅助教学。这里向大家介绍另一款绘图软件——亿图科学绘图。亿图科学绘图是一款操作简单、功能强大的绘图软件，它里面包含丰富的模板，帮助不同学科教师绘制数学几何图、电路图、光学图、化学实验图、生物结构图等（图4-6）。

图4-6　亿图科学绘图软件制作模板

例如，在生物课《植物细胞结构》中，教师可借助亿图科学绘图软件绘制清晰的植物细胞结构，如图4-7所示，在图中，我们可以清晰直观地看见植物细胞由细胞壁、细胞膜、细胞核、叶绿体、液泡、细胞质构成。这样就保证了在没有数字显微镜的情况下，教师采用"图片＋讲解"的方式同样可以对植物细胞结构进行生动的讲解，有助于学生理解植物细胞结构。此外，在课后学生也可以通过植物细胞结构图多次回顾课上所学知识，对课堂上还未来得及吸收的知识进行再学习。

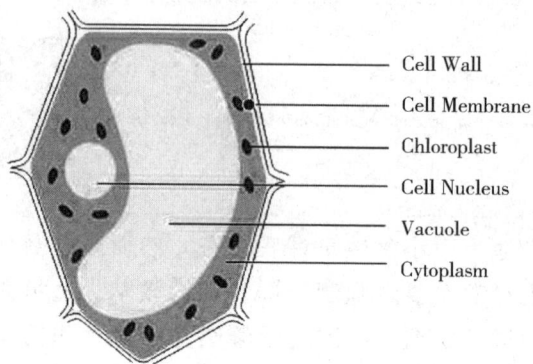

图 4 - 7　植物细胞结构

借助亿图科学绘图软件，教师们再也不用被画图所困扰。亿图科学绘图软件中有强大的素材库，教师只需要简单点几个按钮就可以轻松生成一张专业、美观的教学用图，极大地减少教师备课的工作量。那么，教师该如何操作软件来绘制模型呢？我们以上面介绍的植物细胞结构为例：

第一步——新建文件：教师打开亿图科学绘图软件，新建文件—选择"教育科学"类—选择"生物"学科，然后点击下方的加号即可完成新建文件。

第二步——绘制图形：新建文件之后，我们即可进入操作界面，如图 4 - 8 所示。界面的左侧是符号库，其中包含生物学科的大部分图形图像，教师选择所需图形将其拖动到中间的画布上即可，还可对每一个图形元素的填充效果、线条属性、阴影效果进行调整。另外，亿图科学绘图软件还允许用户插入图片、表格、超链接、地图、二维码等内容，大大满足了不同用户的使用需求。具体来说，制作上面提到的植物细胞结构图共分为四步：

• 从"符号库"中找到相应的植物细胞结构将其拖动到中间的画布上。

• 点击画布上方的"添加文字"按钮（快捷键 Ctrl＋2），为植物细胞结构中的各部分命名，包括细胞壁、细胞膜、细胞核、叶绿体、液泡、细胞质。

• 点击画布上方的"连接线"按钮，将植物细胞结构中的各部分与上面的命名一一对应起来。其中，"连接线"包括"直角连接线""曲线连接线"和"直线连接线"三种，用户根据自己的需要自行选择。当然，你也可使用快捷键进行操作，三者的快捷键依次为 Ctrl＋3、Ctrl＋4、Ctrl＋5，使用熟练之后制图速度也会大大加快。

• 为植物细胞填充颜色，使之更加逼真。点击植物细胞中的各个部分，在画布右侧的填充栏中为细胞核、叶绿体等部分填充颜色。

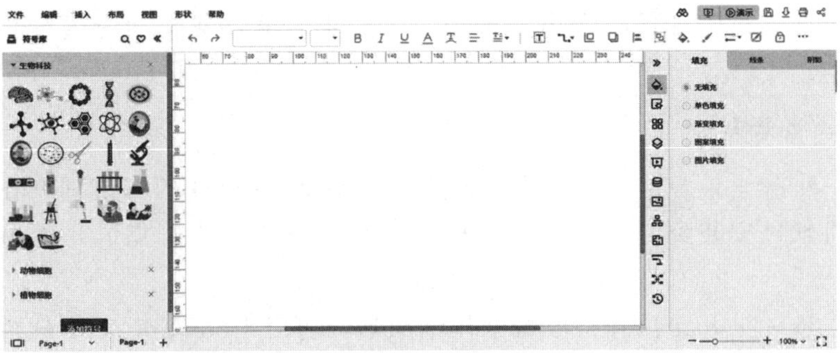

图 4 - 8　亿图科学绘图软件的操作界面

第三步——保存文件：完成绘图后，可以将文件保存到相应位置，也可以将文件导出为图片、PDF、Word、PPT、Excel、HTML、SVG 等多种格式。

三、音频信息呈现工具——Cool Edit Pro

Cool Edit Pro 是一款功能强大的音频处理软件，集声音录制、声音混合、声音合成、声音编辑处理于一体，被人们形象地称为音频"绘画"程序。Cool Edit Pro 的工作界面如图 4 - 9 所示，包括标题栏、菜单栏、工具栏、音轨编辑区、文件管理器、状态栏等部分。

图 4 - 9　Cool Edit Pro 界面组成

由于 Cool Edit Pro 操作简单、功能全面，深受教师们青睐，在信息技术、英语、音乐、体育等众多学科中被广泛使用。在众多功能中，教师们经常使用的两个功能是声音录制及声音裁剪。下面我们就这两个功能进行具体操作方法介绍。

1. 声音录制

第一步——录音准备：假定我们用话筒录制 10 分钟的解说词，在录音开始前要将软件安装到电脑桌面上，打开并测试电脑上的麦克风是否可以正常使用。

第二步——开始录音：准备工作结束后，打开 Cool Edit Pro 软件，单击窗口左下角的红色录音按钮，开始录音。

第三步——结束录音：在录音结束时，单击停止按钮结束录音操作，然后将录制好的音频进行保存和命名（文件名、文件保存位置、文件格式等）。

2. 声音裁剪

第一步——打开文件：打开 Cool Edit Pro 软件后，单击菜单栏中的"文件"—"打开"，选择需要剪辑的音频。

第二步——进行剪辑：文件打开后，可点击左下角的播放按钮，试听音频，以确定哪里需要剪辑，大致剪掉多长的音频。然后将鼠标放到左右音轨的中间位置上拖动，选择所要裁剪的范围，当声音的波形变为灰色时，证明选取成功。紧接着，鼠标在灰色波形部分右击，选择"剪切"，即可将不需要的音频删除。

第三步——保存文件：剪辑结束之后，要对文件进行保存。鼠标点击工具栏中的"保存"按钮，弹出窗口，设置文件名称及文件所在地即可完成音频的保存。

四、视频动画呈现工具——万彩动画大师

万彩动画大师是一款免费的视频动画制作软件，适用于商业宣传、产品介绍、公益广告、科学普及、微课教学等领域。与市面上常见的动画视频制作软件相比，万彩动画大师界面简洁、操作简单，且富含海量动画模板和图片素材，大大减轻了教育工作者的工作负担，教师们轻轻松松就能做出画面精美的教学动画。

例如，在地理课堂上，教师借助万彩动画大师制作"台风知多少"动画视频[1]进行教学。动画视频欢快轻松的节奏能迅速吸引学生的注意力，让学生投入地理知识的学习中。此外，这种动画画面简洁、重点突出，能够让学生立即锁定重点内容，加深印象。

资料链接：【高中地理微课】台风知多少
网址：https://v.youku.com/v_show/id_XMzg5Mzk2ODUzNg==.html

微课教学、课堂教学中教师常常会使用动画视频来讲解教学内容，动画以其生动形象的特点深受中小学生的欢迎，那么这样的动画视频是如何制作出来的呢？由于动画形式众多、内容多样，我们主要介绍一些常用内容，包括"添加场景元素""添加动画效果"及"添加动画人物"三个方面。

我们新建一个项目后，可以观察到万彩动画大师的整个操作界面，包括菜单栏、工具栏、快捷工具栏、元素工具栏、场景编辑栏、画布编辑/预览区域和时间轴七大部分，如图 4-10 所示。

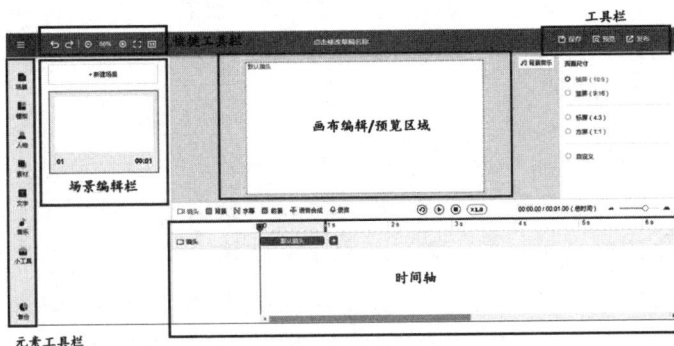

图 4-10　万彩动画大师操作界面

[1] 骆明妍，郭烁，陈淳. 利用 MG 动画制作生动有效的地理微课：以"台风知多少"为例 [J]. 中学地理教学参考，2019（13）：54—57.

1. 添加场景元素

在添加场景元素时，我们可以使用元素工具栏和画布编辑/预览区域下方的背景按钮，添加文字、图片、音乐、背景及其他元素。

• 文字工具中包括文字及艺术字两种字体风格，键入文字后可在右侧的字体设置栏中对文字的字体、颜色、大小、间距、透明度等进行调整。

• 素材工具中包括内置素材、上传素材和我的收藏三类，教师可以在上传素材中上传本地素材资源。

• 音乐工具与素材工具类似，同样包括音乐库和上传音乐两大类，用于获取网络资源和本地资源。

• 点击画布编辑/预览区域下方的背景按钮，则可为画布添加背景，这与PPT背景填充十分相似，包括颜色填充、图片填充和本地图片填充三种，教师可根据个人需要对场景元素进行添加与调整。

2. 添加动画效果

我们将场景元素安放到画布上后，就要对各个元素添加动画效果，以控制元素的进场与出场。具体做法为：在画布下方的时间轴上找到需要添加动画效果的图层，点击元素进场/出场的时间条，弹出进场/出场动画窗口，选择合适的动画效果即可。此外，如果想要延长或缩短动画时间，可以左右拖动时间条，改变动画持续时间。

3. 添加动画人物

微课教学中常常会设置人物，以营造较为真实的学习情境。那么在万彩动画大师中如何添加动画人物呢？其实十分简单。我们点击元素工具栏中的"人物"按钮，则会出现软件自带的人物或动物角色，根据需要进行选择。动画人物确定后，还可对人物的动作进行选择，使动画人物"活"起来。

科技手段促进了信息呈现的条理化、可视化。通过 MindMaster，学生从杂乱的文字信息中提取关键信息，获取内在联系；借助网络画板、亿图科学绘图，教师绘制数学几何、物理电路、化学实验、生物结构统统不在话下；利用 Cool Edit Pro，教师摇身一变成为声音处理魔术师；参考万彩动画大师强大素材库，教师轻松制作精美微课视频。当然，信息呈现工具不止这些，只要能够帮助教师更好地将教学内容条理化、可视化地呈现出来，都是有价值的信息呈现工具。

第三节　知识建构工具：形成学生的知识结构

案例与分析

案例直击

最近，语文教师李老师在讲授《我最喜爱的节日》的习作课，李老师在课上以儿童节为例，和学生们一起梳理节日的时间、节日氛围、亲身经历及过节感想，学生积极踊跃发言，课堂气氛十分融洽。然而，当李老师批改学生的习作时，心头一沉，学生的作文要么主题不清晰，要么中心不明确，要么结构不完整，要么感想不深入。李老师不禁产生疑问：明明很简单的内容，为什么学生做不到呢？为什么学生写出来的作文与要求差距这么大呢？这究竟是怎么回事？另外，李老师回顾平时课堂教学后发现，即便是简单的古诗词学习（朗读—赏析—积累），让学生归纳总结本节课所学的知识点时，学生也只能支支吾吾地说出零散的几个关键词，并不能将整堂课的全部内容大致描述出来，甚至未能做到很好地吸收消化所学古诗词的内容，更别说赏析作者想要表达的思想感情了。

案例诊断

我们平时在刷微博、看朋友圈时，不时会看到某些鸡汤文案激励人心。某一鸡汤文章写道，无论你的年纪如何，从事何种职业，只要在某一领域进行 1W＋小时的学习，就能成为该领域的专家，即"一万小时定律"。虽然这个定律看上去有些粗糙，没有科学依据，但读完之后确实心里暖暖的，甚至激起了内心深处想要在某一领域大干一番的小火苗。不过从另一个角度来看，它确实道出一个不可否认的事实：与新手相比，专家在该领域具备更多知识和经验。教育行业同样不例外。一方面，教师比学生年龄更大，在脑部发育和思维发展等方面都比学生成熟，能够在短时间内对分散的抽象知识进行提取和概括；另一方面，学生知识量少，对于教师讲授的知识是初次接触，而教师已将内容熟记于心，对知识的运用也是得心应手，二者对于知识的理解当然也就存在差异。

因此，教师并不能代替学生完成学习任务，学生只有将新知识与自己脑中原有的知识建立联系，逐渐消化新知识，才算真正学会了。这种消化的过程或许很快，短到几分钟就完成，也或许很慢，需要几天、几个月，甚至几年的时间，最终构建属于自己的知识结构。

理论与应用

◎ 理论导航

现代科技飞速发展，信息技术手段的不断丰富给人们的生活带来巨大的改变，这些改变不仅体现在滴滴打车、微信付款、淘宝购物、微博获取资讯等日常生活方式上，也体现在人们获取信息和学习知识的方式上。

面对浩如烟海的信息，如何进行筛选、分析、组合，构建自己的知识结构呢？美国教育心理学家布鲁纳提出"认知结构理论"，简单来说，就是通过提取信息中最关键、最核心的内容，并在此基础上仔细分析这些关键信息、核心概念之间的联系，形成认知结构，即可捕捉到更多的信息材料，将信息材料变成经验知识。学者 Scardamalia 和 Bereiter 研究提出，知识建构的过程就发生在教师与学生们交流、讨论、阐释并不断修改自己观点的过程之中。他们强调了学习社区在学习中的重要性。为了更好地指导教师开展教学工作，促进学生进行知识建构，他们还提出了 12 条原则[1]，涉及观点、社区和手段三个方面。

---

[1] 张义兵，陈伯栋，Marlene Scardamalia，Carl Bereiter. 从浅层建构走向深层建构：知识建构理论的发展及其在中国的应用分析 [J]. 电化教育研究，2012，33（09）：5—12.

1. 关于观点，你了解多少？

原则一：观点的真实性 & 问题的现实性

学生在建构知识的过程中，首先会以现实生活中的真实问题为出发点，之后在"提出自己的观点—理解同伴的观点—找出已有观点的不足之处—舍弃错误观点—建立新观点"这样一个循环往复的过程中构建自己的知识结构。

原则二：观点多样化

各种各样的飞禽走兽构成了庞大的生态系统，各司其职的职业人群构成了文明的社会文化环境，观点的多样化也构成了内容丰富的知识集合。学生在构建自己的知识结构的过程中，不仅要理解与之相关的观点，甚至还要涉及与之对立的观点，从而在这些观点中提取、演变出更为科学合理的观点。

原则三：观点的持续改进

与以往教师直接讲授系统科学的书本知识不同，教师应把学生对于某一问题的误解看作亟须改进的观点，而非错误的观点。学生在课堂上通过展示分享、小组讨论，不断修正、改进自己的观点。

原则四：观点的概括和升华

学生刚开始接触某一新鲜事物时，对其的认识较为浅显、简单，而在小组讨论、展示分享之后，就可以从多样化的同伴观点中概括提炼出更高层次的观点。在这一过程中，学生通过对观点的概括和升华，从而对该知识的理解更为科学。

2. 关于社区，你了解多少？

原则五：学生是积极的认知者

教师首先要明白一个道理：学习是学生自己的事情。在学习的过程中学生需要自己发现问题、探究问题及解决问题，教师可以在必要的时候为其提供一定的引导和支持。学生在学习的过程中要做积极的认知者，主动处理不同观点之间的冲突和联系，例如，"我的观点是……因为……""我认为 A 的观点在……存在问题""我在……上认同 B 的观点""基于……我将自己的观点完善为……"，并在此基础之上发展自己的认知结构。

原则六：社区知识与协同认知责任

在知识建构的过程中，学生个人能力提高的同时，社区群体中的知识得到了相应的发展，每个人都需要其他人对自己的观点提出有价值的建议，同样每个人应对社区中其他人的观点给予有价值的建议。因此，社区中的每一位成员都有责任为社区知识的发展贡献自己的力量。

原则七：知识的"民主化"

在上一个原则中，我们指出社区中的每个人都要为这个社区做出自己该做的共享，那么首先就要保证这个环境是安全的、值得信任的，这样学生才能放下心里的戒备，畅所欲言，迸发更多的灵感。因此，教师要保证每个学生发表的观点都能得到尊重和理解，营造轻松的社区氛围有助于大家更好地交流讨论。

原则八：知识发展的对等性

无论是师生之间还是生生之间，对话都应保持平等，不存在知识丰富的一方向知识贫瘠的一方传递的现象。学生在社区中以对等的地位参与话题讨论，彼此分享观点。

原则九：无处不在的知识建构

学习不限定具体的场所，在课堂上可以学到知识，在家中也可以学到知识，在社会上更可以学到知识，因此，学生知识建构的过程也不应该限定在45分钟的课堂教学上。此外，不同学科也不是孤立存在的，都隐含着其他学科的特性，例如，英语教学中可以融入对国家历史、文化习俗等内容的介绍。因此，建议教师以课堂为核心阵地，但不将学生的知识建构场所局限于课堂，鼓励学生开拓更多的知识建构场所。

3. 关于手段，你了解多少？

原则十：知识建构对话

学生在进行知识建构时以教学对话为基本途径，以保证整体过程朝着正确的方向发展。与此同时，教师在开展教学对话时，可进行多种形式的组内、组间谈论。

原则十一：权威资料的建构性使用

作为教师，我们对权威资料（教科书、教师指导用书、网络教学资源等）应该持有"不可不信，不能全信"的"中立"态度。权威资料可以帮助我们快速掌握该领域知识的基本内容，但我们不能完全依赖权威资料，仅将其作为参考材料建构性地使用。

原则十二：活动的形成性评价

评价是检验学生学习效果、教师教学效果的重要方式，教师应关注教学评价的过程性，将评价过程融入日常工作中，进而获取学生的反馈信息，以便及时做出教学调整。同时，教师要关注教学评价的多样性，根据具体教学活动，选择合适的分析评价工具。

❀ **行动研修**

以上我们介绍了促进知识建构的 12 条原则，这 12 条原则分别从观点、社区和手段三个方面介绍了教师如何指导学生形成自己的知识结构。接下来介绍的这几款工具则可以帮助教师开展活动，以促使学生协作、共同参与、发展并取得共同的学习成果[1]。

一、我国第一款支持云端实时协作的企业办公服务软件——石墨文档

作为我国第一款关注实时协作的软件，石墨文档以其强大的实时协作交流功能备受人们喜爱，被称为多人实时协作的"云端 Office"，支持文档、表格、幻灯片、思维导图、白板等多种形式。用户可以通过石墨文档实现多人在线协作编辑文档，从此告别通过微信、QQ、电子邮箱反复传递文件的烦琐步骤，大大提高了办公效率。具体来说，当学校领导要求各班教师统计学生的基本情况时，教师不再需要一个一个地向学生要资料，只需将需要填写的信息内容（姓名、学号、籍贯、年级……）添加到石墨文档中，然后将这个文档发送到班级群里，学生们即可同时进行编辑，最新添加的信息也会实时

---

[1] 穆肃，陈思，布莱恩·贝迪. 创新、相互依存与公平参与：在线学习知识建构过程分析[J]. 开放教育研究，2015，21（01）：17—33.

同步到文档中，便于查看。

在语文写作教学中，教师可以借助石墨文档布置假期作业：记录自己在寒假中的生活点滴，可以是一次难忘的旅行，可以是一次家庭的聚餐活动，可以是和父母看春晚的除夕夜，也可以是做家务的心得，内容不限。通过一个多月的寒假时间，学生们将自己的生活点滴都记录在了石墨文档上，文档中的素材十分丰富，有人出门旅行，有人做了家务，有人学会了织毛衣……开学后，语文教师组织了一堂关于"我的寒假生活"的习作课，在课上学生们积极分享自己的生活趣事，不仅展示了自己的寒假生活，也了解了其他同学的寒假生活，积累了大量素材。教师借助石墨文档打破原有习作课学生不爱开口的僵局，学生也借助石墨文档积累了大量的真实生活素材。

那么教师要想玩转石墨文档，都要掌握哪些必备技能呢？接下来我们就结合大家常见的问题带大家好好认识一下石墨文档。石墨文档支持网页在线使用，也支持电脑、手机、平板电脑等设备，配有 Windows 版、Mac OS 客户端、iOS 客户端、Android 客户端及微信小程序，这里我们以网页端口为例进行使用方法介绍。

问题一：如何创建文档、表格等文件？

答：在创建文档之前，先登录账号，这是一切工作的开始。然后点击界面右侧的"新建"按钮，选择类型（文档、表格、幻灯片、表单、思维导图、白板、文件夹），即可完成文件创建。

问题二：如何把制作好的文件分享给其他人？

答：在你写好文档或表格后，点击右上方的"分享"按钮，弹出分享栏，在里面打开"公开分享"，这样才能保证获得链接的人可以打开该文件。在"公开分享"的下面还有"可以编辑"和"只能阅读"两个选项，前者是指获得链接的人可以对该文件内容进行修改，而后者表示获得链接的人只有阅读的权限，不能对文件进行修改。此外，分享的途径也有两种，教师可以将网址链接分享给其他人，也可以将二维码分享给其他人，具体的分享界面如图4-11所示。

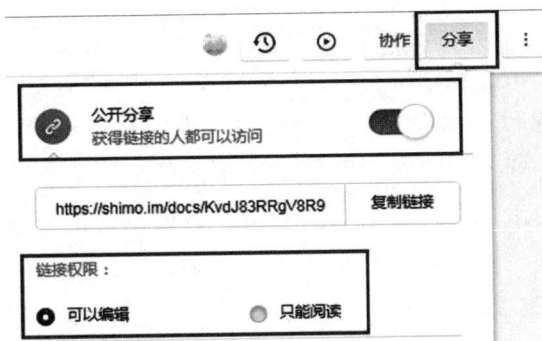

图 4 - 11　石墨文档具体分享界面

问题三：如何添加协作者？

答：教师可通过以下方法在文件中添加协作者（图 4 - 12）：

• 完成文件编辑后，点击"协作"按钮，添加协作者，协作者的添加方式可以通过微信二维码邀请，也可以输入姓名、邮箱、手机号进行查找。

• 返回桌面界面，右击想要添加协作者的文件，选择"协作"，接下来的操作与方法 1 相同。

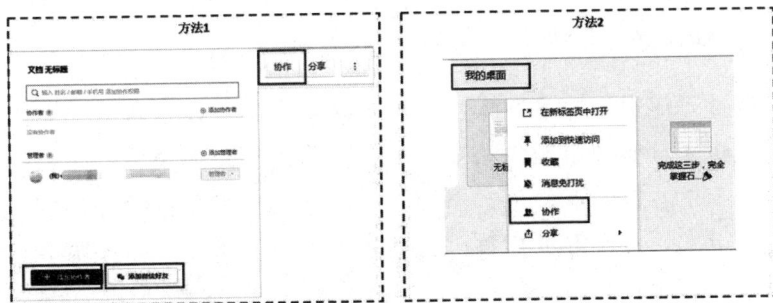

图 4 - 12　"添加协作者"操作指引

问题四：添加协作者与分享链接的区别在哪里？

答：看过前三个问题，你或许会产生疑问，"协作"与"分享"一样吗？其实，它们并不相同，在三个地方存在显著差异。第一，分享方式存在显著差异，前者需要姓名、手机号、邮箱或扫码，后者凡是获得链接的人都可以进行访问；第二，访问权限存在显著差异，"协作"可以对不同的协作者分别进行权限设置，包括"可以编辑""只能评论""只能阅读"三种权限，"分享"只能对文件进行权限设置，不能针对获得链接的人分别进行权限设置，包括"可以编辑"和"只能阅读"两个选项；第三，文件展示方式存在显著差异，文件创建者添加协作者后，所有协作者的桌面上都会生成该文件，而通过链接获得访问权限的人，其桌面并不会生成该文件，每次访问都要依靠链接进入。

这里只介绍了最为常用的使用技巧，如有需要也可访问石墨文档帮助中心（网址：https://shimo.im/help）以获取更多使用技巧，也可扫描下方二维码获取更多使用小技巧。

资料链接：石墨文档官方帮助中心
网址：https://shimo.im/help

二、专业的云端知识库——语雀

你的日常工作中是否存在大量杂乱无章的文档？你是否经常找不到想要的文档？试试来自蚂蚁金服的语雀，通过知识库轻松解决你的烦恼。强大的编辑器可以写出各种专业文档，通过目录整理成清晰易读的知识库，就像一本本漂亮的书一样。在这里你可以邀请伙伴们一起创作，还能很方便地分享交流。语雀中有各行各业沉淀的专业知识库，蕴藏着无数的知识宝藏。

在生物教学中，教师可借助语雀组织探究活动，如植物对空气湿度的影响[1]。学生 6 人一组，以小组为单位分别对裸地、草地和灌丛三种植被类型在早晨、中午、晚上进行空气湿度检测。各小组将多次测量得到的平均值填

---

[1] 宋佩玲，张雪虹，柯德森. 基于支架式教学的生物课教学设计：以"生物对环境的影响"为例 [J]. 科教文汇，2020（02）：155—156.

入表 4-1 中，并绘制出三种植被类型分别对应的湿度变化折线图，在此基础上，小组成员针对"植物对空气湿度的影响"这一问题提出自己的观点，并通过组内讨论得出小组结论，用于下节课班级内的组间交流与展示。

表 4-1　植物对空气湿度的影响

时间	裸地				草地				灌丛			
早晨	1	2	3	平均值	1	2	3	平均值	1	2	3	平均值
中午	1	2	3	平均值	1	2	3	平均值	1	2	3	平均值
晚上	1	2	3	平均值	1	2	3	平均值	1	2	3	平均值

借助语雀，小组内部可以实现异地协同编辑，在同一时间点分别为"裸地""草地"和"灌丛"三种植被类型进行湿度测量，而在其他地方的小组成员和教师均可实时查看测量结果。另外，学生也可浏览其他小组的测量结果和折线图，并通过"讨论区"交流讨论，彼此帮助。

与石墨文档相似，语雀同样支持网页和微信小程序，无须安装软件，登录后即可使用，此外，开发团队考虑到新手在操作使用方面存在疑问，对语雀的基本操作使用做出说明，具体内容可访问该网站查看（网址：https://www.yuque.com/yuque/help），也可扫描下方二维码进行访问。

资料链接：语雀使用手册
网址：https://www.yuque.com/yuque/help

值得注意的是，这本使用手册在撰写方面也体现着语雀的思想——"协同"，29 位作者贡献各自的力量，共同创作出这本使用手册。下面，笔者对语雀中最具特色的团队功能及其中的具体使用细节加以介绍，以帮助各位教师更快地了解语雀。

问题一：该如何创建团队呢？

答：语雀中的团队功能可以被定义为"圈内人的知识协同共享"，在这里，一个人可以是一个团队，零星几人可以是一个团队，一帮人同样可以是一个团队，团队成员可以通过人或事绑定在一起，完成知识的协同共享，具体创建步骤如下：

• 第一步，点击工作台右上角的"＋"，新建团队。

• 第二步，点击后，在新出现的页面中选择你需要的团队类型，包括项目组、部门、兴趣小组及电商团队，当然你也可以选择默认团队，然后点击"下一步"。

• 第三步，在新出现的页面中输入团队信息（名称、简介、可见范围等），如图 4 - 13 所示。这里我们以上面提到的"植物对空气湿度的影响"探究活动为例，将团队命名为"植物对空气湿度的影响"，简介为"学生 6 人一组，以小组为单位分别对裸地、草地和灌丛三种植被类型在早晨、中午、晚上进行空气湿度检测"，可见范围选择"仅团队成员可见"，上传一张植物的图片作为头像，点击"新建"。

图 4 - 13　在语雀中创建团队

问题二：对团队成员该如何添加和管理呢？

答：完成问题一的创建团队后，可进入语雀团队界面，如图4-14所示。点击"添加成员"，可以通过"搜索添加""按部门添加"或"邀请添加"三种方式添加团队成员。

• 方式一——搜索添加：通过输入昵称、ID进行添加，需要注意的是，这种添加方式只能搜索已经注册了的用户；

• 方式二——按部门添加：这种添加方式目前只面向企业开放，需要绑定钉钉才可进行，这里不进行详细介绍；

• 方式三——邀请添加：这种方式最简单，教师只需复制链接给需要加入团队的学生即可。学生收到链接后，点击链接提交加入团队的申请，教师审批通过即可完成添加。

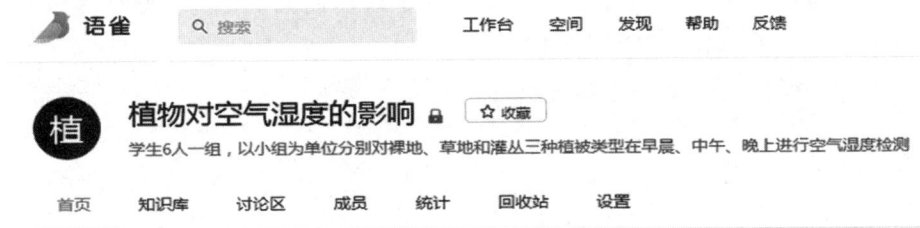

图4-14　语雀团队界面

问题三：团队成员的权限都一样吗？

答：不同的成员有不同的权限，在团队中成员有三种身份，分别为管理员、成员和只读成员。如图4-15所示，管理员位于金字塔顶端，拥有最高的权限，可以对团队、知识库、文档进行管理、删除；成员位于金字塔中层，可以对知识库、文档进行管理和删除；只读成员位于金字塔底部，对知识库、文档只能查看，不可修改任何文件。

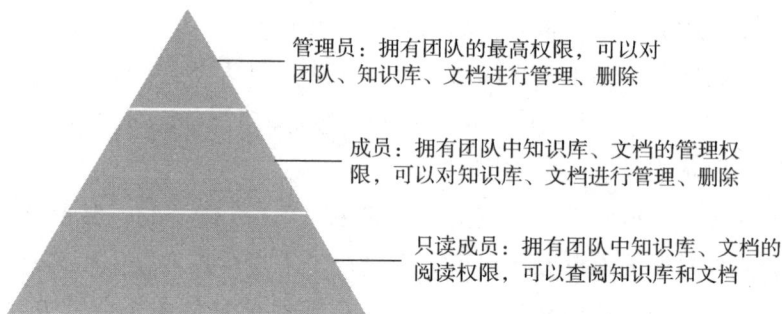

图 4 - 15　在语雀中团队成员的身份级别

问题四：团队讨论区在哪里？

答：没有找到讨论区可能是由于用户没有开启"讨论区功能"，点击"设置"—"高级设置"—"高级选项"，在讨论区前面的框里打上对号即可开启团队讨论区，具体操作见图 4 - 16。

图 4 - 16　在语雀中开启讨论区

开启后，团队成员则可以在"讨论区"中创建主题，例如，在"植物对空气湿度的影响"的探究活动中，有成员发起话题："通过绘制的折线图，大家发现了什么规律吗？"其余成员则可以以"回复"的形式表达自己的想法、观点，如图 4 - 17 所示。

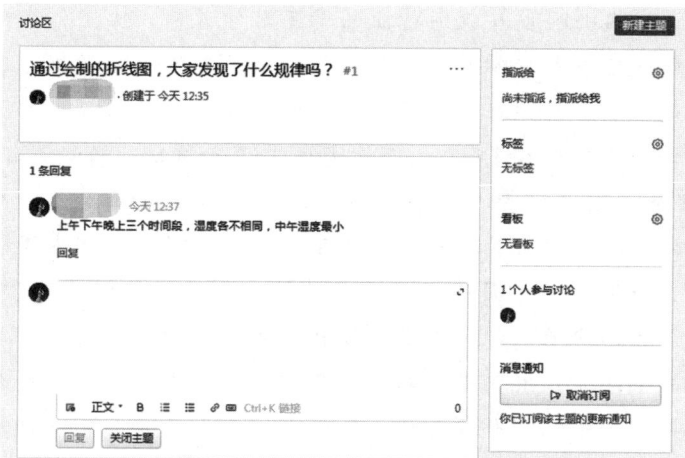

图 4-17　在语雀中的讨论区交流

"持有的观点、所处的社区、运用的手段"三者都是学生进行知识建构过程中不可缺少的要素，因此，教师应从现实生活问题出发，组织学生以小组为单位，并配合相应的工具，促进学生在协作中的知识建构。除了我们上面着重介绍的石墨文档、语雀两种协作学习必备工具，教师也可以将平时使用较多的微信、QQ等社交聊天工具用到学生的知识建构过程中，这样的工具不仅使用方便，而且工具系统稳定，不易出现卡顿、闪退等现象。

第四节　课堂互动工具：实现有效的师生互动

案例与分析

案例直击

2020年，全国上下各族儿女众志成城，共同抗击新型冠状病毒肺炎疫情。为确保学生们的学习不被耽误，全国中小学及高校开启网课教学，钉钉、微信、超星、QQ等软件一时间成为教师授课的主要工具。

王老师是一名刚刚步入教师行业的青年数学教师，他坚信只要自己的专业知识过硬就一定能教好学生。然而，最近他遇到了一些烦恼：在他的网课上，全程都是自己一个人在讲，网络另一端的学生是否听懂，有无疑问，甚至是否在听讲，这些都不得而知。王老师有些不知所措，内心还自我安慰道："网络教学可能都这样。"然而，一个月之后的测试结果让王老师再也坐不住了，学生们的成绩滑坡式下降，不及格率超过50％，有些学生连课上讲的原题都做错了。为了找到原因所在，王老师将全班学生的试卷进行一一分析，并在平时私下联络班长、学习委员、课代表等询问原因。最后，王老师发现原来是自己的上课方式出现了问题。现在学生在家上网课，周围存在许多的诱惑因素，例如，手机、平板电脑、电视等，而王老师上课以讲授为主，不点名也不怎么提问，所以不知道学生是否在听课。于是，不少学生在上课的时候打游戏、看电视剧、聊天或者睡觉，并没有听网课。为了扭转这一局面，王老师开始思考如何才能把学生的注意力抓回课堂，主动上网课……

🦋 案例诊断

2020年突如其来的新型冠状病毒肺炎疫情给教育教学工作带来巨大考验，各级各类学校响应国家号召开展"停课不停学"活动，以保证学生在居家期间不耽误学习。由于时间紧、任务重，许多教师在不熟悉软件设备的情况下接受紧急培训，借助家里一切工具进行教学。

与线下授课相比，网络授课主要存在两大变化：第一，学习空间的改变。无论是教师还是学生，教学或学习空间均已发生显著改变，教师从专业的课堂教学场所变为教学条件较为简陋的生活场所，而学生由严肃的教室转移到舒适的家中，干扰学生学习的因素增多且不可控，例如，温暖的被窝、紧张刺激的电子游戏、令人魂牵梦绕的电视节目等。第二，心理状态的改变。环境的改变也导致学生的心理状态变得更为松散，注意力难以集中在网课上。如果与教师没有互动交流，不出15分钟心就"飞走了"。因此，面对上述问题，教师们要与学生互动！互动！互动！重要的事情说三遍。

理论与应用

◎ 理论导航

千百年来，教与学的模式一直改变甚少。在课堂有限的时间里，互动机会非常有限。当众讲话让人紧张和有压力，轮流发言又不能让每个学生都有机会参与，而多数的在线课程只是让学生对着电脑观看视频，时间一长就昏昏欲睡。

一、在你的课堂上，师生互动是否存在这样的问题？

新媒体、新技术层出不穷，越来越多的企业开发出教育应用软件或设备为教育教学工作提供支持，促使教育信息化进入一个前所未有的时代。社会大环境的改变也促使一线的教育工作者们不断更新着自己的教学理念——学生才是学习的主人，教师是学生学习过程中的组织者、引导者，要将课堂还给学生。虽然技术设备和教育思想与之前相比都有巨大创新，但原有的"教师为主"的观念过于根深蒂固，导致师生互动还存在一些问题，主要表现在"教学观念""教学设计"及"教学实施"三个方面：

1. 师生互动表现在教学观念上的问题

在很多教师看来，课堂上的师生互动就是眼神的交流和言语上的问答，例如，请某个学生回答问题，或者发现后排的一个学生走神儿了，通过点名、走近学生等方式进行提醒，再或者通过与学生进行眼神交流以了解对该问题学生是否存在疑惑。事实上，这样的眼神交流、言语问答只能算是互动的一种形式，不能代表全部的师生互动。

2. 师生互动表现在教学设计上的问题

师生互动在教学设计方面存在两个问题：第一，教师在备课期间缺乏对互动的思考。在教学前，有些教师并未将师生互动纳入教案准备活动中，认为师生互动是随意的。第二，设计的互动形式和对象单一。有些教师认识到互动对教学的重要作用，于是在备课期间对互动的形式和对象做出相应思考与准备，但做法比较单一，互动形式以"教师＋全体学生""教师＋某一学生""某一学生＋某一学生"为主，互动对象以"优等生""爱发言的学生"为主，对那些性格内向、沉默寡言的学生常常照顾不到。值得注意的是，在这里我们并不是强调要对师生互动进行细致的设计，然后在教学时完全按照设计好的互动形式进行，这样的互动过于刻板。教学过程是动态变化的，没有谁能够完美预测未来，我们所需要做的就是在课前对互动有所思考、有所准备，并在课堂教学过程中灵活运用、随机应变。

3. 师生互动表现在教学实施上的问题

在课堂教学过程中，师生互动有时表现为互动过程随意化及互动深度不足。有些教师前期备课时准备不足，致使在课堂上的互动行为趋于随意化，讲到某个地方心血来潮提个问，课堂气氛低迷的时候就通过互动活跃一下气氛，说几句"听没听懂""明不明白"缓冲一下，教学任务重的时候就不互动了……此外，课堂中的互动深度不足，例如，某些教师为保证教学进度很少开展互动深度大的任务式教学、项目式教学，或者为了保证课堂纪律，防止学生太过自由、乱成一团，教师对互动的深度做出限制。

二、面对问题，教师该如何解决?

总体来看，有些教师的课堂教学中存在"师生互动观念陈旧""教学设计不充分"及"互动实施随意"三个方面的问题。那么面对这样的问题，教师应该如何解决呢?

1. 观念更新

教师对师生互动进行重新认识与思考，主动向他人请教、学习，在课堂教学中积极加入新形式的师生互动，借助新技术、好技术为师生互动添加活力。

2. 设计充分

教师在课堂教学之前，根据本节课教学内容、教学目标、学生学习情况等，对师生互动的具体细节进行深入思考，例如，设置答案不唯一的非良构问题，由此展开小组讨论，学生在小组交流讨论的过程中不仅发展了自己的知识体系，也提高了与人沟通交流的能力。

3. 实施有深度

在实施方面，教师的主要顾虑在于教学效率和课堂纪律两个方面，那么我们可以借助一些教育应用类软件设备来支持我们的教学工作，例如，随机点名、限时提问、拍照上传、弹幕发言等。这些形式的互动不仅可以加深师生间的互动交流，还可以有效提高课堂教学效率及保证课堂纪律。

❀ **行动研修**

看到这里，想必有不少的"园丁"开始摩拳擦掌、跃跃欲试，想要实现良好的师生互动，从此摆脱无人响应的尴尬局面。大数据、物联网、人工智能技术在教育领域的应用，改变了以往课堂师生互动的单一局面，为学生营造了一个智能化、数字化、个性化、多样化的师生互动环境。在这样的互动环境中，师生之间不再是"教师到学生"的单向交流，开始实现"教师到学生""学生到学生""学生到教师"的多向互动。那么有什么比较好的工具可以帮助教师更好地实现师生互动吗？接下来，就为大家介绍几个师生互动小助手。

一、师生互动 1 号小助手——UMU

作为一款互动学习工具，UMU 在课堂教学的各个阶段均可使用，如课前资源分享、点名签到，课中问题回答、成果展示，课后学习感受调查、作业布置……UMU 利用移动互联网技术突破性地创造了一种全新的教与学模式，用技术的力量推动了教育的升级。UMU 将互动引入课堂，通过连接教室内的大、小屏幕，让每个人都有机会深度思考，充分表达，构建一张彼此连接与分享的大网。每个学生都能更好地融入学习过程中，因为学习资源唾手可得，所以通过 UMU 也可以随时组织一场测验，帮助学生评估学习进展，巩固知识。例如，在高中数学课堂中，教师借助 UMU 对《向量的加法运算》这一课进行教学，改善课堂互动效果，以创新的方式连接人与知识，加速知识的流动。

1. 阶段一——UMU 的课前应用

（1）创建课程《向量的加法运算》

初次接触该工具的教师可登录 UMU 官方网站（网址：https：// www. umu.cn/index♯/index）注册账号，也可扫描下方二维码进行访问。之后开始创建课程《向量的加法运算》。登录之后会自动进入自己的主页，在主页中选择"基本功能"—"创建课程"，跳转到新的界面，填写相关信息，如图 4 - 18 所示。

资料链接：UMU官方网站
网址：https://www.umu.cn/index#/index

| 基本信息 | 报名设置 | 高级设置 | 积分设置 |

名称 ＊

向量的加法运算

课程形式

在线课程

内容分类

学科教学

课程标签

用逗号隔开，方便更多学员找到您的课程

图 4 - 18　UMU 创建课程界面

（2）向学生分享课程

点击课程界面右上角的"分享"按钮，将课程分享给班内学生。分享方式包括三种：第一，教师复制课程链接，并将链接分享给学生，邀请学生加入课程；第二，教师下载课程二维码，学生扫描二维码加入课程；第三，教师分享课程访问码，学生在网页或 UMU App 中输入访问码加入课程。值得注意的一点是，在课程开始前教师要确认班内全体学生都已注册加入本课程，并为学生留出较为充裕的时间来熟悉软件的基本操作，以免学生因不熟悉工具导致学习困难。

2. 阶段二——UMU 的课中应用

（1）点名签到

在课程开始前的两分钟，教师发布"签到"互动，点击课程界面右上角的"添加课程小节"按钮，创建"签到"互动，如图 4 - 19 所示。学生签到后，教师可查看学生签到的情况，哪些学生已签到，哪些学生没有签到，结果一目了然。

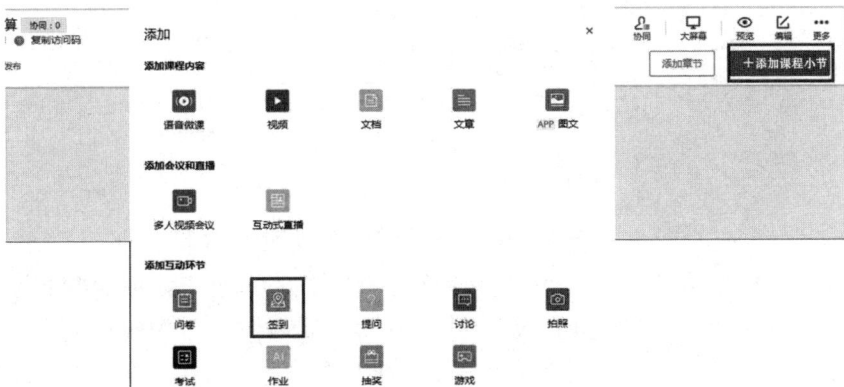

图 4 - 19　UMU 创建签到互动

（2）重点问题提问

在以往的课堂教学中，教师针对重点问题的提问要么全班一起回答，要么点名提问，然而这两种形式对于教师来说，都不能让他们很好地了解每位学生对于问题是否理解，哪里有误解，只能了解整体状况。UMU 的提问则可以有效解决上述问题。例如，我们想要创建这样一个问题："判断正误——向量既有大小也有方向"，答案为"正确"，该如何创建呢？其实操作步骤与"签到"操作类似，你或许已经发现，在"签到"的下一行有"考试"互动。没错，随堂小测就是借助这个"考试"创建的，点击"考试"按钮进入编辑页面，在其中填写标题"随堂小问 1"，题目"向量既有大小也有方向"，题型"单选题"，A"对"，B"错"，正确答案"对"，分值"10"，难度"易"（图 4 - 20），点击完成即可完成题目发布。在"考试"互动中，教师可结合自己的教学需求采取一次一题或者一次多题的形式。学生回答结束，教师可立即查看学生的答题情况，正确率、学生回答时间等信息均可查看。

图 4-20　UMU 创建随堂小测

在数学教学中还存在一些需要计算的题目，这些题目需要学生书写计算过程，对于这样的题目该如何提问呢？UMU 充分考虑教学中的各种需求，针对上述问题，可使用"拍照"功能，上传学生的书写过程。例如，创建问题："已知正方形 ABCD 的边长为1，向量 AB＝向量 a，向量 BC＝向量 b，向量 AC＝向量 c，则向量 a＋向量 b＋向量 c 的模为多少？"同样在"添加互动环节"中，选择"拍照"功能，进入编辑页面进行编辑，如图 4-21 所示。任务发布后，学生将练习本上的做题过程拍照上传，即可实现共享。

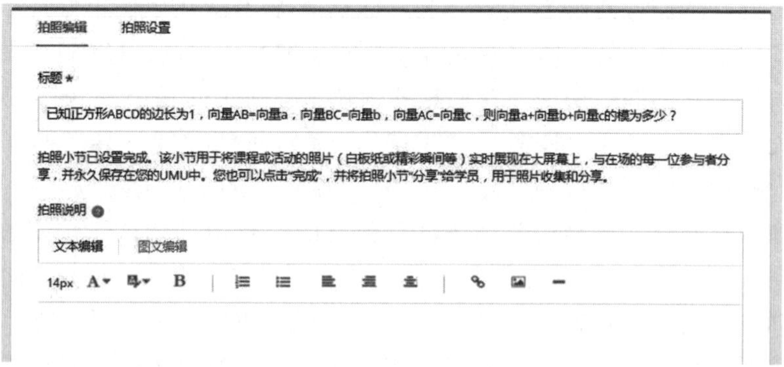

图 4-21　UMU 创建拍照互动

在课堂互动方面，上文主要介绍了"签到""考试"和"拍照"三种互动活动，除此之外，UMU 中还包含"抽奖""游戏""提问"等互动活动，这里就不一一赘述了，感兴趣的教师可登录网站自行尝试。

3. 阶段三——UMU 的课后应用

"丁零零……"下课了。你以为这次的学习就结束了吗？并没有。教师还可借助 UMU 与学生交流学习感受，就像是你去中国移动营业厅办理业务后，对工作人员的服务进行评价一样。为了保证良好的教学效果，及时发现教学中存在的问题，教师要在课堂教学结束后发放调查问卷以了解学生对本次课的感受。例如，教师结束此次《向量的加法运算》的教学后，设置调查问卷，包括学生对教学内容设置、教学环节安排、教师授课等方面的评价，以及对于使用 UMU 进行教学的想法与意见等内容。

二、师生互动 2 号小助手——雨课堂

"雨课堂"是学堂在线与清华大学共同推出的一款与 PPT 配合使用的课堂互动软件，支持网页端、电脑端及手机端使用。值得一提的是，与以往的软件工具不同，"雨课堂"只需要教师安装，学生不需要安装，只需打开手机或平板设备扫描二维码即可加入课程，极大地方便了学生学习，实现了师生之间随机点名、弹幕交流等多种互动形式。

与 1 号小助手 UMU 相比，"雨课堂"最大的特点就是不需要打开其余的软件或网址，直接嵌入教师教学最常用的 PPT 中。对于教师来说，PPT 中的文字图片插入、动画效果、幻灯片放映等功能都是再熟悉不过的"老朋友"了，这样上手操作会容易得多。接下来，我们还是以前面提到的《向量的加法运算》教学为例展开具体制作介绍。

1. 准备工作——下载安装"雨课堂"

教师搜索网址 http：//ykt.io/download 下载并安装"雨课堂"软件，也可扫描下方二维码下载使用。安装"雨课堂"成功后，你再次打开 PPT 会惊奇地发现在 PPT 的功能区选项中多了一位新成员，没错，它就是"雨课堂"，出现它就证明你已经完成第一步，也是非常关键的一步。

资料链接："雨课堂"官方下载
网址：http://ykt.io/download

2. 开始授课

在授课环节中，教师在小助手"雨课堂"的帮助下，让课堂迸发新活力。教师像往常一样打开自己制作的 PPT 课件，只需要以下 3 步即可开启雨课堂授课，如图 4 - 22 所示：

· 开启雨课堂授课，扫描二维码获取动态验证码，显示登录成功；

· 创建课程和班级，例如，课程——数学，班级——一班，标题——《向量的加法运算》；

· 确认"开启雨课堂"，学生扫描二维码或输入课堂暗号即可加入进来。

雨课堂开启后，手机端秒变手持遥控器，教师不再受限于电脑操作，活动范围由三尺讲台扩大到整个课堂空间，教师通过手机端查看并遥控操作 PPT 播放，在一定程度上拉近与学生的距离。另外，为方便了解学生的学习情况，教师还可以在 PPT 播放期间以学生观看 PPT 的视角查看播放状态。

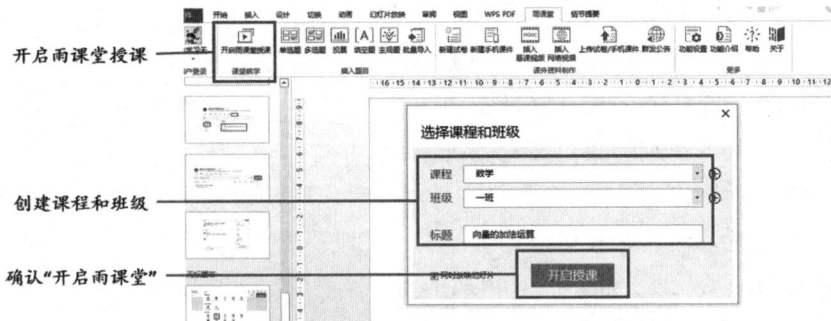

图 4 - 22　开启雨课堂授课

3. 添加新功能

除了"登录""手机遥控 PPT 播放""创建班级、课程"，"雨课堂"还包含"弹幕评论""插入题目"这样的新功能，这些功能结合当下青少年的喜好，极大地促进了教育办公的智能化。

（1）弹幕评论

"弹幕"想必大家都十分了解，无论是在追剧、观影，还是在看综艺，你总会在屏幕上看到一条条网友的留言"慢悠悠"地飘过去，例如，"前方高能""BGM 好好听""这个男主角演技炸裂""沙发""我是第一名""下集再见"等。弹幕增强了观看者与其他观看者的互动交流，他们对视频内容发表自己的看法，回答其他人提出的问题……逐渐地，这种弹幕交流的互动形式也被引入课堂教学中。

当开展课堂讨论活动时，教师可以选择弹幕评论的方式进行互动交流。学生以"弹幕"的形式将自己的想法发送到教师的大屏幕上，形式新颖，能有效激发学生学习的积极性。具体操作方式为，开启雨课堂授课后，教师利用手机进入"课堂动态"—"弹幕"，开启弹幕，这时学生即可发送弹幕到大屏幕上了。

（2）插入题目

目前"雨课堂"支持插入单选题、多选题、填空题、主观题及投票，这些题目都已是成型的模板，教师只需将文字填充进去即可完成题目的设置，操作十分方便。例如，创建单选题"向量既有大小也有方向"，选项包括"对"和"错"，正确选项为"对"，这样就创建好了一道单选题，如果选项不够，可以在右侧的编辑习题栏中找到添加选项按钮，增加选项个数，如图 4 - 23 所示。

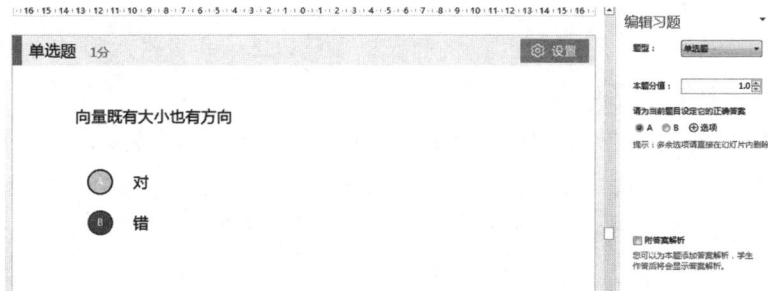

图 4 - 23 雨课堂插入习题

4. 批量导入

首先，我们需要弄明白"何为批量导入"，举个例子，教师手里有许多关于向量的加法运算的题目，有单选题、多选题还有填空题，如果一道题一道题地输入 PPT 未免有些麻烦，因此可以通过"批量导入"一次性将这些习题全部添加到 PPT 中，提高了教师备课的效率。具体做法可分为四步：

第一步：调整文件至参考格式（具体格式要求可访问网址 https：//www.yuketang.cn/help? detail＝54,也可扫描下方二维码进行访问）；

資料链接："雨课堂"文件批量导入格式要求
网址：https://www.yuketang.cn/help?detail=54

第二步：点击"批量导入"按钮，选择"文件导入"；

第三步：教师结合需求选择是否勾选"新建试卷并导入"，如果不勾选则直接导入 PPT 中，然后点击"确认导入"；

第四步：导入成功后，对题目细节进行调整，查看选项是否正确、文字是否存在错字漏字现象、答案解析是否缺失……待检查无误后即可放心使用。

5. 教学数据汇总下载

使用"雨课堂"开展教学活动，学生在学习过程中的全部活动均被记录为学习数据，供教师课后查看，包括习题总得分、课件查看率、到课率、互动总次数、做题用时等，学生的学习数据最后以 Excel 表格的形式保存到教师的课程中，方便教师下载查看，了解学情。

对于"雨课堂"的使用，我们从"准备工作——下载安装'雨课堂'""开始授课""添加新功能""批量导入""教学数据汇总下载"五个方面展开叙述，如果教师在使用"雨课堂"的过程中还存在其他问题，请登录雨课堂帮助中心以获取操作支持（网址：https：//www.yuketang.cn/help? list＝11,也可扫描下方二维码进行访问）。

资料链接："雨课堂"帮助中心
网址: https://www.yuketang.cn/help?list=11

有效的师生互动能够大大激发学生学习的动机与兴趣。教师除了使用以往常见的提问、眼神交流、点名等互动方式，还可以借助课堂互动工具开展新颖的互动，例如，将学生的言论以弹幕或者瀑布流的形式展示在大屏幕上；通过设置抽奖环节，让互动环节带有些许的紧张感，随机抽取幸运学生上台展示……类似的互动工具很多，如 UMU、雨课堂、课堂派、班级优化大师等，这些软件工具安装简单，有的甚至不需要下载软件，只需在微信中搜索小程序即可使用，它们所具备的互动功能让人眼前一亮。

第五节 数据分析工具：帮助教师进行精准教学

案例与分析

案例直击

期中考试刚刚结束，董老师正在用 Excel 表格登记本班数学期中考试成绩，表格中包含班内所有学生的数学考试成绩、班级排名、年级排名等基本信息。为了更好地了解班内学生的学习情况，下班后，董老师将成绩单带回家中，准备好好研究一下学生的成绩，但他忘记把之前学生的考试成绩表带回家中，只能将学生的成绩与年级平均分进行对比，并结合自己平日对学生的了解进行简单分析。第二天，董老师回到办公室，找出了自己之前为学生制作的成绩单，对每位学生的周测、月考成绩和名次进行横向对比，以了解学生的成绩波动变化。在对每位学生进行分析的时候，董老师发现自己只能够分析出该学生近期考试的成绩波动及在全年级学生中所处的位置，却无法了解每位学生的具体问题所在，例如，哪个知识点掌握不牢，什么原因导致的错误，是理解有误还是粗心，等等。

✿ 案例诊断

物联网、人工智能等科学技术手段正在改变这个世界，"日出而作，日入而息"的时代已成为过去，现在已进入一个科技的时代，人们常常说："现在出门只要有手机有网络，啥都不怕。"虽然是不经意的一句话，但确实反映了我们现在的生活方式，扫码付款、淘宝购物、滴滴打车、共享单车、网络订票、线上授课……科技的迅猛发展，使得每日的信息产生量也呈现出爆炸式增长的态势。当你在超市扫码付款或者在淘宝购物的时候，产生了消费记录和购物记录；当你扫共享单车的时候，产生了骑行数据；当你在网上订票的时候，产生了出行记录；当你去医院挂号看病的时候，产生了处方记录和健康记录；当你拿起手机给同事拨打电话的时候，产生了通话记录；当学生上网课的时候，产生了学习行为数据……可见，数据信息真的是无处不在，人们随时都在产生数据信息，那么，这些信息都用来干什么呢？难不成就只是摆在那里？

英国的格洛斯特郡有段时间常常发生抢劫案，闹得人心惶惶，人们无法安心工作和生活。这一现象也引起当地警察局的注意，警察们开始对近期发生的抢劫案展开调查，同时在近几起抢劫案的发生地附近增派警察巡逻，排查可疑人员，然而这样进行一段时间后，警察发现案情并没有什么进展。在警察局展开调查期间又发生了几起同样的抢劫案，这几起抢劫案的发生地散落在格洛斯特郡的街区中，没有任何规律可循，这让警察们有些困惑。就在警方困惑之时，警察局内部分析系统取得了新的突破，工作人员调取了案卷库中的陈年案件及犯案人员相关信息，发现近期犯案的嫌疑人有一些共同特征：他们大多居无定所且没有稳定的收入来源，另外，他们在作案之前大多吸食过毒品，在毒品的刺激下，他们失去自我控制能力，动了抢劫的念头。于是警察根据上述分析结果对抓捕方案进行调整：（1）增强对无业人员的管理和收容；（2）重点排查当地的制毒、贩毒窝点和团体，对相关涉案人员进行逮捕；（3）戒毒所加强对有吸毒史的人员的管理。经过一段时间之后，格洛斯特郡的抢劫案越来越少，人们又重新过上了安稳平静的日子，这就是有名的"抢劫案"故事。还有一个案例发生在美国，大型连锁超市沃尔玛拥有大型数据存储仓库，里面存放着各地区沃尔玛超市的详细交易记录，工作人员为了进一步了解用户需求和购买习惯，对顾客的购物清单进行了分析，发现一个令人震惊的现象——与尿布一起购买最多的竟然是啤酒。得知这个消息后，数据分析部门的员工们都非常震惊，认为这事很荒谬，但最后还是将数据分析结果上报至高层。高层对此事非常重视，特地成立调查小组到各地区的沃尔玛超市进行市场调研，并让数据分析师们也参与到调查小组中。经过大量的调查走访和一次次的数据演算，调查小组发现，在美国太太们常常叮嘱自己的丈夫在下班回来的路上顺便去超市买尿布，而30%—40%的丈夫会顺便带一些啤酒回家。此后，沃尔玛高层做出货架调整决定——将尿布与啤酒的货架安排在一起，几个月之后，销量显示，二者的销量均提升了许多。

　　一两条信息放在那里或许并不起眼，但大量信息放在一起就有可能创造出意想不到的惊喜，就像我们刚刚提到的"抢劫案"和"尿布与啤酒"的故事。借助数据分析，人们可以更好地查询思维的盲点，进而发现新事物，产生新观点；除此之外，借助数据分析，人们可以对调查对象进行精准分析，深入剖析隐含在其中的原因并进行未来发展方向预测，以降低风险。因此，每条信息都应发挥它所具备的价值，都应被认真分析，不被放过任何细微之处，这在教育领域同样重要。在教与学的过程中，教师与学生都产生多种多样的数据信息，如上课表现、平时作业、考试成绩等。线上教学与线下教学相比，教师与学生产生了更多的数据信息，同时数据的获取变得更为轻松。教师应带着数据分析的目的看待这些数据信息，实现精准教学。

理论与应用

◎ 理论导航

　　在以往的教育教学过程中，教师在课堂进行集体的大班教学，由于学生多、时间紧、教学任务重，教师很难关注到班级内的所有学生，针对每个学生的特点提供个性化教学更是想都不敢想的事情。后来，人们开始关注个体的特殊性，追求个性化学习，于是首先想到的办法就是减少课堂人数，实行小班化教学，从原来的一对多向一对五、一对三、一对一转变，然而这样的教学同样存在问题。我国人口众多，导致教学资源紧缺，小班化教学的人才培养效率太低。之后很长的一段时间中，我们还是沿用传统的大班式教学模式。随着科技的发展，技术开始介入教育教学工作中，将教师从繁重的机械工作中解脱出来，之后人们再次将目光转向个性化教学，希望能够借助现阶段的技术辅助开展个性化教学，于是"精准教学"走入大家的视野。

一、什么是精准教学？

当听到"精准教学"四个字的时候，大部分人会首先想到"因材施教"，但将二者画上等号的说法并不准确。近年来，随着大数据技术在教育领域的风生水起，"以测辅学"成为精准教学的核心思想。换句话说就是教师借助大数据和互联网通信技术，将学习者在学习过程中产生的数据进行记录、跟踪和分析，以便更好地了解每位学生的学习需求和学习情况，为实现个性化、差异化教学提供了可能。

二、教师该如何把控精准教学？

近年来，技术的发展为实现个性化、差异化的教学提供了可能。教师可借助多种技术手段获取学生的数据信息并深入分析，了解不同学生在学习过程中产生的差异，不再采取"一刀切"的方式，以便为学生提供更加适合他们的教学。值得注意的一点是，大数据技术在其中的作用尤为重要，学生在学习过程中产生的海量数据通过大数据分析转化为有价值的学习报告，使教师在教学工作中对学生学习起点的把握、教学目标的确立、教学内容的组织、教学活动的设计、教学评价的测量做到精细准确，这也就是研究者们经常提到的"数据分析支持下的精准化教学"[1]。了解了数据分析技术对实现精准教学的重要作用之后，那么想要实现这样的教学，教师应该从哪几个方面进行把控呢？

1. 关注学习起点的精准剖析

教学是为了服务于学生，学生才是教学的主体，因此，教师要想实现精准教学就应先对学生的学习情况有所掌握。学生的学习情况大致可以分为三个方面：学习基本情况，如学业成绩、作业完成情况等；当前理解力水平，如识记、理解、运用、分析、综合和评价；现阶段知识结构体系[2]。教师通过对学生学习起点的把握有针对性地为不同学习起点的学生设计不同的目标、内容、策略、评价及资源，这是开展精准教学的起始点。

2. 关注学习目标的个性制订

有了前期的精准学情分析，教师就可以在此基础上对学生的学习目标加以制订。以往的学习目标制订常常存在目标不具体、目标缺乏针对性和操作性等问题，因此，教师首先要做的就是将原有目标从高高在上的"仙界"拉回充满烟火气息的"人间"，让其具有可操作性，例如，将"了解外国人见面问好的方式和习惯"转化为"学生在向别人问好的时候，能够用英语清晰地与其对话，且会话中断次数不超过两次"。然后，教师还要结合每位学生的学习情况对目标进行微调整，剔除学生已经掌握的部分，重点把握还没有掌握的部分。

3. 关注教学内容的动态变化

以往教师在组织教学内容时常常是"去年的套路今年还用"，有的教师甚至教材不改教学内容也不改，这样的做法很难实现教学的精准化和个性化。因此，教师应摒弃原有的"惯用套路"，从复习旧知和学习新知两个角度进行教学内容调整。一方面，在旧知识的复习上，教师应结合学生的学习情况，

---

[1] 万力勇，黄志芳，黄焕. 大数据驱动的精准教学：操作框架与实施路径 [J]. 现代教育技术，2019，29（01）：31—37.

[2] 陈明选，耿楠. 测评大数据支持下的有效教学研究 [J]. 远程教育杂志，2019，37（03）：95—102.

有针对性地对知识点薄弱的地方进行着重复习；另一方面，在新知识的学习上，教师应比较学生学情和学习目标，找出二者的差距，有针对性地开展教学工作。

4. 关注教学策略的灵活调整

教学策略是教师开展教育教学工作的重要环节，如直接讲授、设置悬念、任务驱动等。在以往的教学中，教师对教学策略的制定大多结合教学内容、设施环境及个人倾向，这就导致教学策略的制定带有强烈的个人色彩和主观经验，那么对于缺乏教学经验的青年教师来说，就十分具有挑战性。另外，这样制定的教学策略一旦完成就不再更改，略显死板。这样的策略显然是不可取的，教师应关注学生的实时动态变化，根据变化灵活调整教学策略，例如，教师可将通过前期学情分析了解到的学生差异情况作为小组划分的依据，设置异质化分组，学得快的帮助学得慢的，二者共同进步。

5. 关注评价的及时性和差异性

评价是整个教学过程中的关键环节，良好的评价不仅能够对学生的学习起到激励作用，也能帮助教师发现教学中的问题并进行及时解决。在以往的教学中，教师将更多的注意力放在学生的作业完成情况和考试成绩上，这样的评价未免有些片面化。教师不妨将评价过程化和多样化，关注学生的平时状态，借助数据分析等技术手段对学生平时的学习（如问题的回答、作业的完成情况、与同学的交流讨论……）进行及时的、有针对性的评价。

6. 关注学习资源的个性化推送

个性化学习资源推送就如同淘宝中的"猜你喜欢"一样，淘宝根据用户之前的浏览和购买记录为其进行不同的推荐，在精准教学中，这种方式同样能够实现。教师借助数据分析技术对学生的学习行为进行深入剖析，以了解学生的学习状况，对知识点掌握不牢固的学生有针对性地推送知识让其再巩固，对掌握牢固的学生则提供拓展训练，开阔其眼界。

❀ **行动研修**

通过上面的介绍，各位对于数据分析技术对教育教学的重要作用想必都十分认同，但现在有一个很现实的问题摆在我们的面前——如何获取数据及如何将数据转化为有用的指导信息？所谓"术业有专攻"，长期工作在教学一线的教师们一定不如从事学术研究的工作者们有精力和能力自行采集和分析学生数据。为了解决教师们的这个问题，有关高校与教育公司合作开发学生学习行为数据采集与可视化分析的工具，从而帮助教师实现精准教学。

一、大数据精准教学管理系统——极课大数据

作为一款教育数据采集与分析工具，极课大数据创造性地把大数据、云计算同日常教育相结合，并在不改变传统教育教学习惯的基础上，做到极速采集、极致分析、极便响应。极课大数据将学习者的动态学习过程进行全方位采集，并配合系统中强大的大数据智能分析板块，实现评价随教育教学行为的发生而发生。借助极课大数据，教师可以根据系统生成的学习报告进行更加准确、更加科学的决策，同时学生可以获得个性化的学习策略与资源。极课大数据让每位教师都能更好地了解学生，让每位学生都可以成为更好的自己。

1. 极速采集

教师在以往的教育工作中，常常花费大量的时间对学生的作业或试卷进行批改，给学生布置一张试卷作业，第二天收上来时教师则要批改一个班或两个班的作业，新入职的教师往往需要半天的时间才能批改完，这让教师们常常苦不堪言，甚至引起颈椎病、腰椎病、视力下降等健康问题。

现在教师借助极课大数据只需将电子版的试卷导入班级系统中，系统会自动生成与试卷配套的专属电子答题卡，如图 4-24[1] 所示，而学生拿到答题卡后和往常考试一样，在试卷上贴好二维码，书写试卷即可，最后教师借助配套的扫描仪对学生的答题卡进行扫描，速度高达 70 张/分钟，实现精准高效的信息采集，教师可以第一时间掌握试卷答题情况，为下一阶段教学提供参考，准确了解各知识模块在年级和各班级的掌握情况。

---

[1]　梁峰丽."极课大数据"在高中化学教学中的有效应用 [J]. 化学教与学，2015（09）：20—21，43.

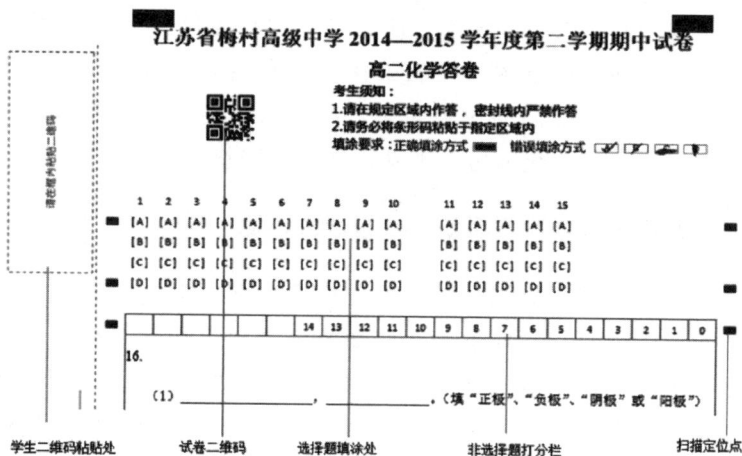

图 4 - 24　极课大数据中的极速采集

2. 极致分析

教师在对学生作业、试卷进行批改的时候，只能对每道题的正确率有一个大致的印象，如这道题有多少人做错了，他们都错选了哪个选项，等等，而这种粗略的估计只能反映出全班学习效果的整体情况，教师对于具体学生的学习情况掌握程度并不高，也不能对习题错误的原因进行精确定位，这样获得的信息较为片面，不能真实有效地反映学生的学习状况。

例如，在初中数学"函数专题"复习课上，教师借助习题考查函数专题所讲到的知识点，如"等腰直角三角形""一次函数的图像""一次函数的性质""二次函数的图像""反比例函数系数 K 的几何意义"等，借助极课大数据的极致分析优势，快速生成知识点得分率雷达图，可视化呈现数据，如图4 - 25所示[1]。于是，教师可以迅速发现学生在"等腰直角三角形""一次函

---

[1]　徐飞雷，徐倩. 基于极课大数据的初中数学复习课教学研究：以"函数专题复习课"为例[J]. 新课程研究，2019（12）：39—42.

数的图像"两个知识点的学习上还有欠缺，在后期的课程教学中应予以重视。

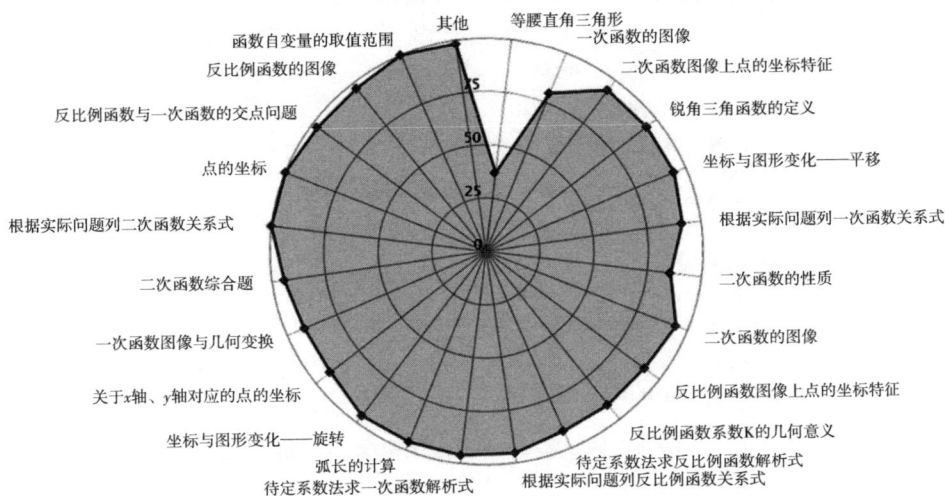

图 4-25　"函数专题"复习课中知识点得分率雷达图

再比如，在物理的期中、期末年级统考中，教师同样可以借助极课大数据将班级与年级的平均分进行横向对比，以了解自己所教班级在年级中的具体位置，如图 4-26 所示[1]。教师通过横向对比发现，自己所教的一班在单选题和解答题上得分最高，而填空题的得分为年级最低，之后对填空题进行具体分析发现，学生们的错误大部分集中在物理实验上，因此，教师在后续的课程中对此次考试所涉及的物理实验进行再次讲解，并进入物理实验室，让每位学生都独立操作一遍，以加深其对相关内容的理解与掌握。

---

[1]　周良根. 极课大数据在高中物理精准教学中的应用 [J]. 新课程研究（上旬刊），2019（03）：33—35.

图 4-26 高一年级物理期中考试分析

3. 极便响应

在学习过程中，学生常常会做很多的试卷以巩固所学知识，一些细心的学生会将不同年级、不同学科、不同阶段、不同章节的试卷分门别类地归纳整理起来，有些学生则是"写一张丢一张"。相比之下，极课大数据能将学生在学习过程中的学习行为、作业完成情况、考试成绩等统统记录下来，并通过可视化的方式呈现出来，供教师和学生随时查看。学生学习轨迹的可视化呈现不仅方便教师了解学生的学习近况，也给予学生很大程度的正向鼓励。

如图 4-27 所示[1]，在物理"交变电流"的学习中，教师可查看该生在"交变电流"一章的作业完成情况，通过该生作业排名趋势图发现近期其学习呈现下降的趋势，需要引起教师和学生本人注意，找出问题所在。

---

[1] 管小庆，桑芝芳. 基于极课大数据下的物理学情诊断和教学优化策略 [J]. 物理教师，2016，37 (12)：70—73，78.

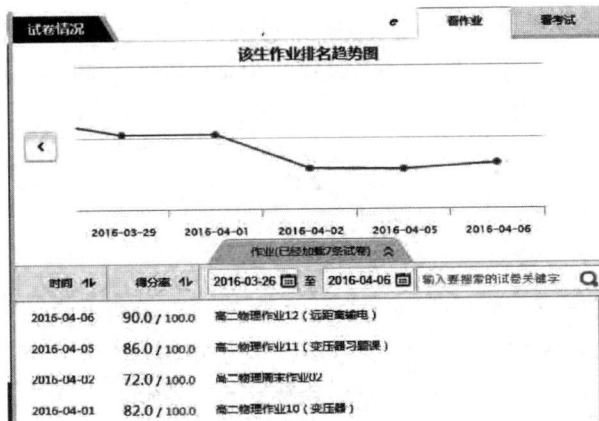

图 4 - 27　学生作业排名趋势图

除此之外，极课大数据还针对学生的错题自动进行分析整理，打包成错题集[1]，并生成学生诊断报告，方便学生导出打印，学生通过诊断报告获取个性化学习包，形成学业追踪档案，建立一套学生个人的自适应学习系统。

正所谓"实践是检验真理的唯一标准"，教师只有亲自尝试才能"吃透"系统。因此，如果教师在实践过程中出现问题，可访问该网站（网址：http：//fclassroom.com/QA.html）以获取帮助，也可扫描下面的二维码进行访问。

资料链接："极课大数据"帮助中心
网址：http://fclassroom.com/QA.html

二、智能教育公共服务平台——智慧学伴

智慧学伴（Smart Learning Partner）是一个由北京师范大学未来教育高精尖创新中心研发的智能教育公共服务平台，旨在帮助教师实现学生学习过

---

[1] 黄澄辉. 基于极课大数据的初中科学试卷讲评课实践 [J]. 新课程研究，2019 (21)：37—40.

程数据全面采集与诊断分析，涉及中小学语文、数学、英语、物理、化学、生物、历史、地理、政治九大学科教育。下面我们从"在线批阅"和"分析报告"两大教师端功能对智慧学伴加以介绍：

1. 在线批阅

教师端的在线批阅主要根据教学阶段划分为"学期总测""单元微测""日常测评"三种。"学期总测"是指在一个学期结束的时候，对学生的知识掌握情况进行检测。教师可以对单次"学期总测"的数据进行横向对比分析，发现易错点和知识薄弱点，也可以对历次"学期总测"的数据进行纵向对比分析，了解学生的学科能力和核心素养的发展状况，从而精准预判学生各学科的发展潜力，为学生文理分科和未来专业方向提供可靠参考。"单元微测"是指在学习完一个单元的知识后，教师组织的测验。"日常测评"也就是小测验、随堂小测，与前两种相比，"日常测评"更为普遍，主要用来检测学生对本堂课的知识点掌握如何，进而帮助教师更好地了解学生的学习状态，及时调整教学进度。

2. 分析报告

教师端的分析报告包括"知识地图"和"能力素养"两部分。"知识地图"主要以可视化的形式将学生数据分析的结果呈现出来，非薄弱知识点用紫色表示，薄弱知识点用红色表示。"能力素养"包括考试成绩概况、能力水平概况、学科能力概况、核心素养概况四个部分，其中，考试成绩涵盖了平均分、最高分、最低分、优秀率、合格率等信息；能力水平包括卓越率（紫色）、优秀率（蓝色）、良好率（绿色）、合格率（橙色）、不合格率（红色）；学科能力涉及对学习理解、应用实践和迁移创新的掌握情况；核心素养以雷达图的形式呈现，可以将班级和全校全区的核心素养情况进行对比，有利于教师在课堂教学中针对薄弱核心素养进行加强和侧重。

如果教师还想了解更多关于"智慧学伴"这一软件的操作指南，可点击此链接（网址：http://mp.weixin.qq.com/mp/homepage?__biz＝MzIxNDIzNTU5MA＝＝&hid＝1&sn＝6718f2bc2848b4962f9b8d540f5bbd6a&scene＝18#wechat_redirect）获取更多资源，也可扫描下面的二维码进行访问。

资料链接："智慧学伴"操作指南
网址：
http://mp.weixin.qq.com/mp/homepage?__biz=MzIxNDIzNTU5MA==
&hid=1&sn=6718f2bc2848b4962f9b8d540f5bbd6a&scene=18#wechat
_redirect

在数据时代，每个人都开始追求个性化、专属服务，教育也不例外。个性化教学、差异教学、私人订制计划、专属学习方案受到越来越多的人追捧，这背后是数据分析技术的支持，教师往往没有能力也没有时间和精力对庞大、复杂的数据进行分析。相关的数据分析工具作为教师的小助手，帮助教师更好地了解班级整体及组成整个班级的每位学生的情况，最终实现精准教学。

第六节　分享交流工具：实现混合式教学

案例与分析

🍂 案例直击

2020 年初，全国的中小学生乃至大学生们都过了一个特别的寒假，为了抗击新型冠状病毒肺炎疫情，全国大中小学整体延期开学，转为线上教学。华老师根据学校的统一安排，开始了线上教学。与其他教师一样，华老师在课上以自己讲授为主，偶尔让学生回答问题。然而，这样进行一段时间后，他发现课堂气氛有些沉闷。或许是学生们居住在不同地方的缘故，彼此之间不像在课堂上一样能够互相交流，只能面对同学们的头像、昵称，彼此间交流分享的欲望大大降低了。于是华老师想搞些新花样，增强学生之间的交流，他开始研究如何开展线上的小组讨论。抱着试试看的心态，在上课前一天华老师给学生布置了一项任务："同学们，明天我们学习课文《杨修之死》，请同学们 5 人一组自行组成小组预习课文，并讨论话题：'杨修之死究竟是谁的过错？是杨修自己的过错还是曹操的过错？'"学生们私下借助微信、QQ等工具组队，对上述话题展开讨论。第二天，华老师的课上热闹非凡，各小组自行站队，有的支持"杨修之死是杨修自己的过错"，有的支持"杨修之死是曹操的过错"，双方从课文中、网络上收集了很多资料来支持自己的观点，教师则作为"法官"评判双方的观点，整堂课充满了学生的交流与思辨，学生在交流讨论的过程中也加深了对课文内容的理解。

案例诊断

自古以来，分享交流就被用于教育教学中。古希腊哲学家苏格拉底始终主张通过不断的分享交流发现自己认知上的矛盾点，否定原有观点以寻求进步。此外，孔子也提倡在分享观点、讨论交流中不断进步，他常常与学生坐在一起讨论问题，通过言语交流分享彼此的所思所想，儒家学派经典著作《论语》也是在点滴的交流讨论中逐渐形成的。在当今课堂教育中，分享交流依旧盛行，学生在教师的指导下，围绕某一话题展开讨论，分享自己的观点并对其他人的观点进行评价，在交流中掌握所学知识并学会综合运用。

然而在现阶段的课堂教学中，学生的分享交流仍然存在不少的问题，主要体现在三个方面：第一，分组固定。受环境因素影响，课堂中的小组讨论多依据临近原则，同桌两人一组或前后两排四人或六人一组，这样的分组方式不考虑组内成员的学习能力、学业成绩、学习风格等特征，既不属于同质分组，又不属于异质分组。第二，交流浅显。中小学的一节课大约为40—45分钟，在这段时间内教师要完成"复习提问""引入新课""讲授新课""总结归纳""课后作业"等教学环节，留给学生讨论分享的时间并不充裕，这就造成了师生、生生间讨论浅显的问题。第三，分享低效。在教学中由于教师提出的问题不恰当，例如，教师提出的问题难度大导致学生不知如何回答，或者问题太简单导致学生丧失兴趣，再或者问题答案唯一没有讨论的必要，等等，使交流无意义。因此，教师应重视交流分享在教学过程中的重要作用，合理设计问题及活动，保持课堂活力的同时加深学生的认识。

理论与应用

◎ 理论导航

课堂交流要把握哪些原则？

课堂交流分享并不是可有可无的环节，缺乏交流会导致课堂成为"一言堂""满堂灌"，因此，交流分享应成为教学环节的必选项，而非可选项。由于课堂环境、教学模式、教学任务、教学考核等因素，以往的课堂交流中存在两种极端现象：一种是课堂缺乏师生、生生间的交流，或者交流分享停留于表面；另一种是课堂交流过度，为了交流而交流。因此，教师应遵循以下原则：

1. 开展探究学习，启发交流

这里我们提到的"探究学习"是指学生在教师的指导下，为了提高科学素养，以类似科学探究的方式所开展的学习活动[1]。教师将教学要点融入学习活动中，让学生通过活动参与讨论、分享交流，掌握所学知识。学生在探究过程中，首先要针对问题进行独立的思考，在独立思考阶段，学生自己要弄明白三个问题——是什么"what"、怎么样"how"、为什么"why"，形成自己对该问题的观点，之后在与他人的交流讨论中阐述自己的观点、评价他人的观点，找出漏洞，将观点进一步完善。

另外，在课下，学生并不能像在教室一样聚在一起交流讨论，这时就需要科技手段辅助探究学习的开展了，学生可以借助微信、QQ等社交媒体创建探究学习群组，在群内可以通过文字、图片、语音、文档资料、链接资源，甚至是视频电话的形式开展探究学习。

2. 设计趣味活动，促进交流

探究学习的开展启发学生开始讨论交流，趣味十足的活动进一步促进交流的发生。开展丰富多彩的课堂活动，如辩论赛、方案展示等，进一步将交

---

[1] 徐学福. 探究学习的内涵辨析 [J]. 教育科学，2002（03）：33—36.

流范围扩大至全班，学生以小组为单位，通过分享展示将小组思想传达给全班同学。辩论赛、方案展示等趣味活动能有效调动学生的学习积极性，让他们主动参与进来，也为学生提供一个展示自我和当众表达的机会，在一定程度上对学生的口语表达能力有所锻炼。

除了上面提到的方式，还可借助科技手段进行"头脑风暴""打分""投票""抢答""举手发言"等一些新颖活动，促进师生、生生间的分享交流。举个例子来说，教师借助蓝墨云班课软件开展小组互评活动，每个小组都是评委，为各小组的展示打分，最终系统自动计算平均分。

3. 采取正向反馈，鼓励交流

活动的顺利开展为分享交流打下坚实基础，及时的正向反馈则可以在情感上给予学生鼓励。学生在探究学习过程中遇到难题，教师及时耐心指导，与学生共渡难关；学生在小组讨论时出现分歧，教师适时点拨，化解分歧矛盾；学生在全班面前分享时，教师邀请全班同学为其加油鼓劲；学生分享结束后，教师给予充分肯定……及时的正向反馈能鼓励学生向他人表达自己心中所想。

教师可以借助软件工具，给予学生"不一样"的正向反馈。例如，学生在使用蓝墨云班课系统进行头脑风暴时，同学们的观点以瀑布流的形式呈现出来，学生和教师都可以通过为其"点赞"的形式鼓励该生发言，还可以在讨论群组中通过发送表情动画的形式为其加油鼓劲。

✿ 行动研修

像纸笔、PPT、投影仪这样的促进学生分享展示、讨论交流的工具想必大家都已经再熟悉不过了，为了更好地帮助教师实现"开展探究学习启发交流—设计趣味活动促进交流—采取正向反馈鼓励交流"，这里向大家介绍几款形式新颖、高效便捷的分享交流工具，帮助教师更好地进行教学工作，让学生的观点、想法得到更好的碰撞。

一、蓝墨云班课——智能教学助手

蓝墨云班课是由蓝墨信息技术有限公司推出的智能教学助手，支持 iPhone、Android 手机和平板电脑等系统，教师也可通过网页登录。蓝墨云班课基于移动互联网环境和云服务，实现课堂内外师生、生生之间的资源分享、观点交流。蓝墨云班课主要有四大关键特性，包括：①设备间自由切换，登录账号后教师可以在手机、平板电脑、电脑三类设备上自由切换，实现随时随地管理班级教学工作的目标；②交流随时随地开展，无论是在课上还是在课下，教师均可以通过"头脑风暴""答疑讨论""作品分享""评分投票"等开展教学活动，不受时间、地点的限制；③手机变为学习工具，教师在班级群内上传课件、视频、文档资料都会自动通知学生，手机不再是只能用来打电话、打游戏、看视频、发短信的娱乐、社交工具；④学习进度实时跟踪，每节课、每周、每个月、每个学期结束后，系统都会对学生的学习行为进行分析并生成学习报告，推送给每位学生。

1. 特色功能 1——头脑风暴

头脑风暴是一种线上发言的交流模块，在活动结束前学生彼此无法查看其他同学的作答结果，有效防止抄袭现象的发生。当教师主动结束活动或到达规定时间后，学生方可查看所有同学的作答结果，作答结果以瀑布流的形式呈现在学生面前，方便查看。下面我们以语文习作课《无所不在的互联网》为例，一起来了解一下如何创建头脑风暴活动。

首先，进入已创建好的班课中，然后点击屏幕下方的"添加活动"按钮并选择活动"头脑风暴"，之后进入活动信息界面填写相关信息，包括标题"语文习作课头脑风暴"、分组、用途、经验值、主题"讨论未来互联网的发展趋势"，如图 4-28 所示，点击创建则创建成功。刚刚创建好的头脑风暴默认为"未开始"状态，教师可以点击活动后方的小三角看到管理活动的工具栏，删除、编辑、开始、转发等一系列工具一应俱全。

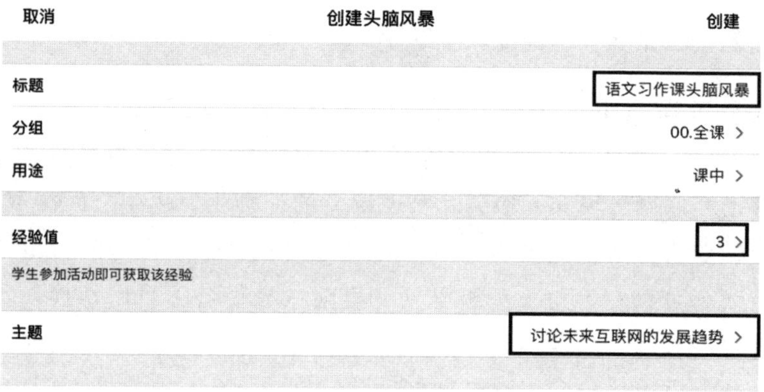

图 4-28 创建头脑风暴

2. 特色功能 2——答疑/讨论

答疑/讨论是一种线上的讨论互动模块，类似于微信群、QQ 群，但蓝墨云班课更适合在教育教学中使用。与头脑风暴活动的创建方式类似，因此不详细展开说明，如图 4-29 所示，点击创建则创建成功。创建成功后学生就可以在讨论群内畅所欲言，还可以发送图片、语音和视频等内容。

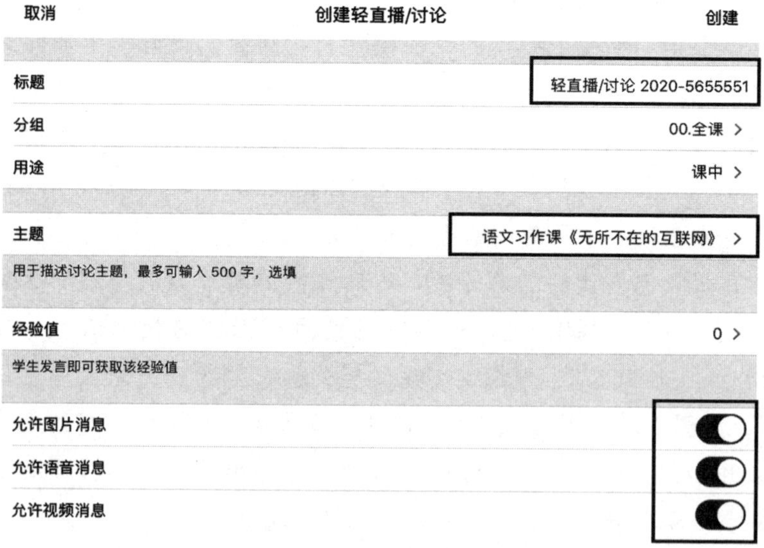

图 4-29 创建答疑/讨论

3. 特色功能 3——投屏

蓝墨云班课为教师提供了便捷的投屏功能，利用这个功能可以通过简单的几步操作，将手机、平板电脑上的蓝墨云班课与电脑屏幕连接起来，并通过手机、平板电脑控制电脑屏幕展示成果。我们同样以语文习作课《无所不在的互联网》为例，一起来了解一下投屏功能。

问题一：如何连接手机与电脑屏幕？

答：进入手机蓝墨云班课点击右上角的"投屏"按钮，然后在电脑上打开浏览器输入网址 https：// tp.mosoteach.cn，也可扫描下方的二维码进行访问。与此同时，将手机端出现的四位连接码输入其中，输入成功后浏览器显示"投屏连接成功"。此时，如果教室中的设备为一体机，那么连接成功就能开始讲课，如果教师使用的是电脑和投影仪，那么只需将电脑与投影仪连接就能开始讲课。除此之外，教师还可通过"扫码投屏"和"账号密码投屏"的方式进行连接，如图 4-30 所示。

资料链接：蓝墨云班课投屏
网址：https://tp.mosoteach.cn

图 4-30 蓝墨云班课投屏连接

问题二：投屏时能展示哪些资源？

答：目前支持投屏的资源类型包括图片、音频、视频、PDF 文件、Word 文档、Excel 表格及 PPT 等，其他类型资源暂不支持投屏功能。例如，在习作课上，教师将自己制作的 PPT、关于互联网的介绍视频投屏到大屏幕上，供学生学习。

问题三：哪些活动支持投屏？

答：目前支持投屏的活动包括进行中及已结束的投票问卷、头脑风暴、测试活动、作业活动、云教材学习活动、课堂表现。例如，在头脑风暴中教师抛出话题"讨论未来互联网发展趋势"，学生可就此话题发挥天马行空的想象力，发表自己的观点。在学生作答期间，大屏幕上可以实时显示学生作答内容，待全体学生作答完成后，同学之间可以相互交流，分享自己的想法。

二、钉钉——数字化工作方式，让工作更简单！

教师与学生之间、学生与学生之间的分享与交流不应该仅局限在课堂的 45 分钟内，那么有没有什么工具能够在课下支撑师生、生生间的分享与交流呢？说到这里，你的头脑中或许会冒出几个工具：微信、QQ、电话……这样的工具有没有什么弊端呢？打电话只能是言语上的交流，微信、QQ 则比电话功能强了不少，文字、语音、图片、视频统统可以做到，但这些工具都存在一个问题——需要已知联系方式或添加对方为好友后才能组建群组，并且上述工具均为社交工具，缺乏一种学习的氛围。

这里向大家介绍一款很火的软件——钉钉，钉钉隶属阿里巴巴集团，是一款免费沟通与协同交流的多端平台，支持电脑端、网页端、手机端、平板电脑端的使用。全国大中小学校可按照"全校—全年级—全班—个人"的组织架构，为每位学生创建信息库，开启钉钉线上学习。在这里学生可以通过"通讯录"查找与自己在同一所学校的任何一位同学及教师，省去了等待好友申请的步骤，即刻与他们组建群组进行交流讨论，完成课前或课后的学习任务。

我们以本节开头提到的华老师为学生布置课前学习任务——讨论"杨修

之死究竟是谁的过错"为例，介绍学生该如何使用钉钉与同学一起完成课前学习任务。

1. 寻找好友，创建小组

首先，学生登录钉钉账号，然后在主界面中点击右上角的加号，选择"发起群聊"，则进入群聊类别选择界面，在这里学生可以选择"选人建群"组建普通群，也可以选择"场景群"，包括专门为教育教学工作创设的"同学群""培训群""项目群""签到打卡群"……如图4-31所示，各种群的功能基本相同，但会针对具体工作性质提供专属服务，学生结合具体需要选择即可。我们以"在家办公群"为例，群组创建完成后进行群成员添加，点击加号则可以从学校的组织结构中寻找并添加群成员。

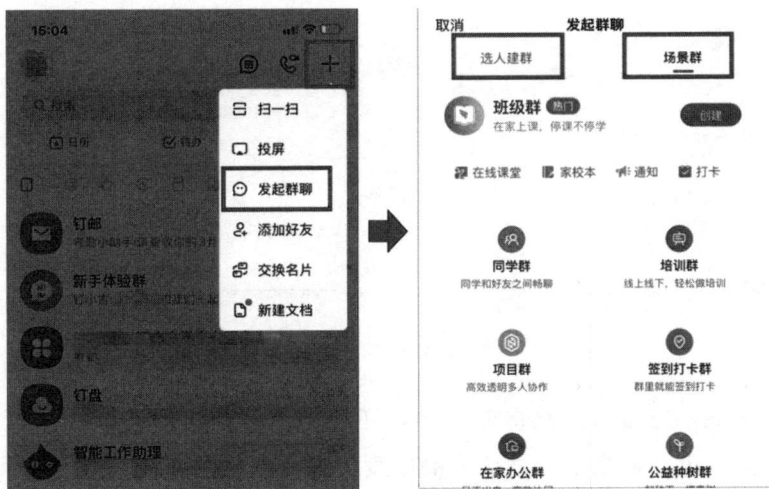

图4-31　钉钉创建群聊

2. 小组讨论，完成任务

群组创建完毕后，学生就可以在群内交流讨论华老师布置的课前任务了，具体操作和我们常用的微信、QQ软件类似，这里介绍两个功能：

• 视频会议：小组成员可以通过视频会议实现远距离互动交流，此外，学生可以在小组会议期间进行屏幕共享以展示自己对于任务的思考，例如，展示自己制作的"杨修之死"原因思维导图，更好地梳理思路；

· 待办任务：我们常说"好记性不如烂笔头"，钉钉中的"待办任务"就是这个道理，为了防止遗漏任务，小组长可以创建待办任务并设置好截止时间，如图 4 - 32 所示。任务创建完成后，所有任务执行人员都会收到相应的待办任务提醒；当任务即将截止的时候，系统同样会发送通知提醒没有完成任务的小组成员。

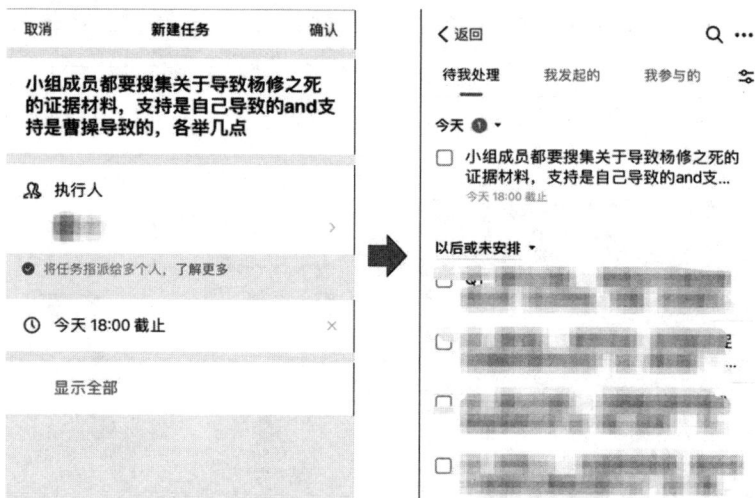

图 4 - 32　钉钉创建小组待办任务

分享交流不仅可以活跃课堂气氛，还可以加速知识的流动。技术的迅猛发展在一定程度上提高了分享交流的广度和深度，也将交流从线下带到线上，视频会议、屏幕共享、头脑风暴等使师生之间的异地分享交流成为可能。

本章在工具应用的角度上，分别从信息呈现工具、知识建构工具、课堂互动工具、数据分析工具、分享交流工具五个方面展开叙述。在教学过程中，教师依靠信息技术手段和具体工具组织教学已成为常态。通过本章内容的介绍，想必各位教师对一些工具的应用也有了一定的了解，那么接下来要做的事情就是将这些技术工具真正地运用到自己的教学中。

第五章

方式改变：教师利用信息技术创新教与学

导言

时代在发展，社会在进步，人们的衣食住行都发生了巨大的变化，从绿军装、灰制服到现在的各种款式的服装，从原来的米面粮油凭票购买到现在的鱼肉生鲜即刻送达，从低矮平房到现在的高楼林立，从交通闭塞到现在的车水马龙……面对这个迅猛发展的时代，各行各业都在想尽办法转变自己的生产方式，以跟上时代的步伐。

在教育领域，教学难道就只能是"教师站在三尺讲台上仅靠一支粉笔、一块黑板'传道授业解惑'，学生坐在下面'等待被塑造'"吗？答案当然是"不"。科技的发展同样影响教育领域，教师作为教育行业的主力军，也正在思考如何转变教与学的方式，让教学焕发新生机。

第一节 教与学创新：为什么要进行方式转变

案例与分析

案例直击

小学科学教师周老师今年 33 岁了，家里有一个刚刚上幼儿园的儿子小鱼。周老师十分重视小鱼的教育，平日里，常常亲自教孩子识物、识字。最近，周老师拿出了自己的 iPad，打算用其中的拼图软件让小鱼学习拼图。拼图软件中配有精美的画面和动感的音乐，小鱼很快就掌握了拼图的技能，而一旁的周老师悠闲地看着电影，父子二人就这样度过了一个愉快的下午。又过了几天，小鱼的妈妈给小鱼买了一幅拼图，然而周老师发现小鱼并不会拼真实的拼图，只会完成电脑软件中的拼图游戏，周老师只好带着小鱼再学习一遍拼图。事情发生之后，周老师很是疑惑：为什么靠电脑软件学拼图的孩子无法用现实世界中真实的拼图完成游戏？然而，当自己教孩子拼图时，他就能很快地学会。二者差在哪里呢？

案例诊断

随着科技的发展，人类社会也变得更加文明、更加现代化。磁悬浮列车、高速铁路、汽车替代了原本马车代步的出行方式，煎炒烹炸替代了原来茹毛饮血的饮食习惯，电话、短信替代了原来飞鸽传书的社交方式……尤其当电脑、互联网走进我们的视野后，人们在互联网上与远在大洋彼岸的好友聊天、搜索新闻以获取全球最新资讯，足不出户便可实现购物、生活缴费、医疗，可以说科技已经与我们密不可分。

近年来，随着人工智能、云计算、大数据技术的飞速发展，包括教育在内的众多领域都发生了翻天覆地的变化，越来越多的科学技术进入学生的学习生活中，多媒体教室、录播课堂、校园网络全覆盖、电子阅览室、电子白板等技术设备的广泛使用，促使教育教学朝着信息化方向发展。然而，在这个过程中我们也发现了许多问题。

随着技术的完备，在线教育变得越来越火爆，各种各样的新闻报道随之而来，"某某产品被应用到某某学校的教学中，学生学习成绩得到大幅度提升""某某产品助力教师在线教学"……我们在讨论在线教育优势的同时，似乎忽视了一个根本的问题——"教学模式"。新技术的介入确实在一定程度上减轻了教师的教学负担，在师生互动、交流展示、数据分析、信息呈现等方面展现出卓越的优势，轻松化解那些在以往教学中难以解决的问题。然而，大多数教师在利用信息技术改进教学时，头脑中默认的仍然是传统的教学模式——"以课本为中心、以教师为中心"，更有教师利用技术加大了"灌输"的力度与强度。事实证明，这种"用新技术走老路"的想法是行不通的，不仅削弱了教师的主体地位，也不利于学生技能的培养。

因此，教师要牢记一点"新技术≠教学变革"，要想变革教学仅靠技术是行不通的，必须创新教与学的方式。

理论与应用

理论导航

为了避免"穿新鞋，走老路"的现象发生，我们呼吁教师在使用技术改进教学活动之前，先要思考新时代背景下教学到底该如何进行。我们并不是否认技术工具对教育教学的作用，而是更加强调教与学方式对学生的影响，老方式下的技术手段只能将教学由"人灌输"转变为"机器灌输"。

对于转变教与学的方式，你该思考些什么？

1. 社会化学习不能少

无论是现在市面上成熟的社交软件（如微信、QQ、钉钉），还是学校为学生配备的平板电脑或台式电脑等电子设备，都是为了让教学朝着更加智能化的方向发展，这无疑是正确的，但值得注意的一点是，社会化学习并不该因为教学的智能化而被替代，二者的关系应该像小丑鱼与海葵的共生关系一样，互利共生。在教学工作中，教师借助同步协作工具开展社会化学习活动，学生邀请同伴与自己一起处理、编辑文档，大家就具体问题展开思考，分享彼此的观点；或者，教师通过安排小组讨论、翻转课堂、头脑风暴等活动让学生进行社会化学习。

2. 确保学习真实有效

"实践出真知"，在现实生活中学习才是最好的学习方式。教师在教学过程中要帮助学生找到科学知识和日常生活之间的桥梁，让学习变得真实有效。例如，教师在课堂上与学生探讨铺砖问题时，可以让学生们自己动手检验各种正多边形是否能够无缝隙地铺满整个课桌。此外，教师也可带领学生进行实地考察，真正深入现实世界中，学习课本中无法获得的知识。例如，教师带领学生参观动物园，了解各种动物的体态特征、生活习性及生存环境，让学生在真实的情境中感悟各种生物。

3. 确保技术可以增值

如果加入技术能够使学习过程变得轻松容易，而去除技术会导致学习无法完成或者学习效率低时，这就体现了技术的增值特性。例如，学生使用录音软件录下自己朗读英语课文时的音频，之后借助音频检查自己英语单词的发音、朗读的流畅度及阅读过程中的情感状态，并对错误之处加以纠正，这样可以更好地提升自身英语口语表达能力；再比如，教师在梳理文章脉络结构时，可以借助思维导图、流程图等工具手段，对文章层级结构、时间脉络进行归纳整理，这样的形式不仅清晰明了，而且内容完整，不会出现信息缺失的现象。

❀ **行动研修**

仅靠技术革新教学，在现实中已经暴露出各种各样的问题，这迫使教师必须思考转变教与学方式的问题。那么，教师可以从哪几方面着手创新呢？下面为大家简要介绍"情境学习""基于网络的项目式学习""翻转学习"及"泛在学习"四种新型教与学的方式，以确保技术工具得到最大化增值，希望能给各位读者些许启发。

一、情境学习：让学生置身其中

近年来，随着科技的进步，越来越多的新式工具进入人们的视野，虚拟现实、增强现实、混合现实也逐渐融合到教育领域中，以增强教育的情境性。例如，教师让学生佩戴头盔、眼镜等设备模拟地震、台风、火灾等自然灾害情境来进行 VR 安全教育，提高学生的安全意识。在模拟的 VR 安全系统中，学生可以毫无顾忌地操作，不用担心因操作失误而引起不良后果，也不必担心自身的安全问题。易现先进科技有限公司研发的网易影见，将虚拟信息通过投影的方式投射到现实空间中，以增强现实互动。网易影见旗下的 AR 图书以其强大的沉浸、互动功能，将家长从讲故事的魔咒中解救出来。除了家庭教育，网易影见同样可以应用在课堂教学中，教师借助网易影见讲解光学折射、散射等原理知识，通过仿真和交互将抽象、晦涩难懂的知识以更生动、直观的方式呈现出来，用沉浸式体验增强学生的代入感。

二、基于网络的项目式学习：让学生成为学习的主人

项目式学习旨在通过教师的引导，帮助学生以小组为单位开展基于开放性现实问题的探究活动，而技术的介入为项目式学习活动的开展提供了极大的帮助。项目式学习要求学生在学习过程中独立思考，主动探索新知识。身处信息时代的我们，想要知道某种知识十分简单，打开浏览器"百度一下"，

就能找到与之相关的很多信息。因此，教师在开展教学工作的时候，大可以放手让学生们自己去查阅资料，学生在信息检索的过程中不仅学到了知识是什么，还学到了怎么用知识、为什么要用知识。此外，项目式学习还强调对学生的信息素养、团队协作能力、沟通能力的培养。身处海量数据中的学生们，在检索查阅信息的过程中，避免不了要对信息的真伪性进行甄别，从中提炼对学习有用的信息，也避免不了与其他人交流互动及分享展示等一系列活动，慢慢地，学生在点滴活动中得到能力的锻炼与提升。

三、翻转课堂：让学生成为自定步调的学习者

美国科罗拉多州的林地公园高中最先刮起"翻转课堂"之风，翻转课堂的实质在于增加学生和教师的互动和个性化沟通，学生进行自主学习，教师不再是讲台上的圣人，而是学生身边的导师，对学生提出的问题给予指导和建议。在翻转课堂教学中，所有的学生都能参与其中，所有的学生都能获得个性化教育。

翻转课堂的出现无疑为教学工作打开一扇大门，学生成为自定步调的学习者，实现自主化、个性化学习。另外，技术工具的发展也为翻转课堂提供了强有力的保障。以往的教学中常常会出现课前学习无法监测、学习资源单一、课后复习不到位、作业提交方式不合理等问题，这些问题在现在看来都已不再成为问题：课前，学生通过网络教学平台或者班级群组接收教师发来的学习资料，包括微课视频、学习清单等，预习新课。课中，教师根据学生预习的反馈信息对重难点知识加以回顾，并结合具体问题采用小组讨论或单独辅导的形式解答学生的疑惑。课后，学生再次回到网络教学平台或班级群组中查看课程学习笔记与课后作业，以实现对所学知识的再次巩固，另外，学生还可以在课后借助平台与班内同学、教师继续讨论问题，延续课堂学习。

四、泛在学习：让学习随时随地发生

在当今信息获取如此便捷的时代，学生可以利用身边的手机、平板电脑、笔记本电脑甚至家里的网络电视进行任何时间、任何场所的 4A（Anyone，

Anytime，Anywhere，Any device）学习，而这种不受时间、地点、学习方式约束的"4A学习"就是我们常常提到的泛在学习。例如，在正式课程教学中，教师借助微课呈现碎片化课前学习内容，学生不论是在晚上学习也好，还是在白天学习也好，只要在课前完成预习任务就行，在时空上学生的学习具有很大的弹性；再比如，当学生遇到某一问题时，具体来说，如想要解决手机热点的连接问题，强烈的学习需求就会迫使学生主动打开浏览器搜索相关内容进行学习，这种非正式资源学习的学习内容、学习目的和学习方式都具有很强的随意性；再或者是学生在教师的带领下开展一次准正式主题学习，调动各学科综合知识与技能，针对某一主题展开探究。

第二节　情境学习：让学生置身其中

案例与分析

案例直击

　　曾老师是一名刚刚毕业参加工作的初中语文教师，最近他正在准备一堂关于鉴赏古诗《观沧海》的公开课，为了保证公开课的效果，他决定先在自己的班级中试讲一次，看看效果。一堂课下来，试讲的效果并不是那么好，曾老师自己讲起课来慷慨激昂，像打了鸡血一样，学生则像"霜打了的茄子"一样，成了没有感情的读诗机器。为了尽快找到其中的原因，曾老师在课下把班里的几个学生叫到办公室询问原因，学生们七嘴八舌地讨论起来，有人说诗人离自己太遥远，没有办法体会诗人的那种感受；有人说古诗在自己面前就只是古诗，没有意境……和学生们交流完，曾老师恍然大悟，原来是自己没有为学生创设好情境，导致学生没有代入感。问题是找到了，但曾老师并不开心，他又陷入沉思：该如何设计教学才能为学生创设良好的情境呢？

案例诊断

　　基础教育阶段课程教材中的选文大多是国内外经典文章或经过多年推演

总结出来的科学规律，如语文、英语等学科教材中的唐诗宋词、四大名著节选、国外优秀散文、文化习俗等，数学、物理等学科教材中的科学定理、化学实验等。这些学习内容由于年代、生活背景等因素，离学生真实的生活很远，它们就像悬挂在天空中的星星一样，可望而不可即。如果在课堂上教师只凭一张嘴讲，即便教师在讲台上讲得激情澎湃，下面的学生也像是"听天书"一样，要么机械地抄笔记，要么昏昏欲睡。

其实，人的学习受到情境的影响，在教学中积极创造合适的情境将会促进学习的发生。例如，为学生播放庐山瀑布的视频让他们感受什么是"飞流直下三千尺，疑是银河落九天"；让学生自己动手制作一次"洋葱切片"，学生在考试的时候就再也不会将实验步骤写错了……因此，教师在教育教学过程中应尽可能地让学生置身于"情境"当中，促进学习的发生。

理论与应用

◎ 理论导航

所谓"情境"就是在一定时间内各种情况相对的或结合的境况，例如，在古装剧中，演员们穿上古装，道具组布置表演道具，美术制景组布置环境，为的就是给观众创设一个较为真实的年代情境，给他们带来更好的观看体验。同样，教学也不例外，教师借助设备工具营造形象且富有情感色彩[1]的氛围，学生则在这样的情境中进行学习。

一、什么是"情境学习"？

情境学习是由美国加利福尼亚大学伯克利分校的让·莱夫教授和独立研究者爱丁纳·温格于 1990 年前后提出的一种学习方式，经过历代学者的研究，现已形成一种完备的学习理论——情境学习理论。情境学习理论的三大核心概念为"认知学徒制""实践共同体""合法的边缘性参与"[2]，如图

---

[1]　韦志成.语文教学情境论 [M]，南宁：广西教育出版社，1996：24—25.

[2]　崔允漷，王中男.学习如何发生：情境学习理论的诠释 [J].教育科学研究，2012（07）：28—32.

5-1所示。

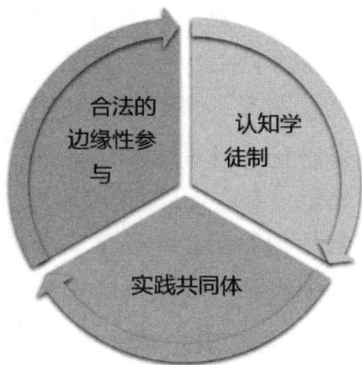

图 5-1　情境学习理论三大核心概念

1. 核心概念——认知学徒制

时间回到 1973 年，这是一个发生在利比里亚的首都蒙罗维亚的故事。在蒙罗维亚，一家家手工裁缝店错落有致地沿河排列着，每个店里都有几个师傅，他们做着经营生意、裁剪衣服、教导学徒等师傅该做的事情。学徒之间拥有平等的机会观察师傅如何为顾客量体裁衣，另外学徒们还可以观察已经做好的衣服成品。汤姆是众多学徒中最小的一个，他的父母把他送到这里，希望他能够学有所成，成为一名优秀的裁缝。在 5 年的时间里，汤姆跟着裁缝师傅学习手艺，先从缝制帽子、手套等小件物品开始，然后到小孩平日里穿的袄子，再到一些大人出门在外穿的较为正式的衣服，最后能够裁剪制作高级服饰。在一家家裁缝店中，学徒在师傅的带领下学习量体裁衣的手艺，5 年后顺利出师，成为这条街上又一位裁缝师傅，开始有了自己的学徒，周而复始，年复一年……

读了上面的这个故事，你将会更容易理解何为"认知学徒制"。第一次听到这个概念，你或许会觉得它很高深，其实学生的学习如同故事中提到的裁缝学徒一样——在裁缝师傅的带领下，裁缝学徒在裁缝铺中从"观察"到"上手"再到"独立制作"。

通过上面的描述我们不难发现，"认知学徒制"强调了两点内容：第一，知识具有一定的情境性，要在特定的情境中进行学习[1]。就好比第一次使用复印机进行双面复印时，你按照百度查询到的操作步骤鼓捣了好久可能都没成功，而这时有个人在面前给你演示了一遍，你很快就学会了；医生学了再多书本知识，没有真正上过手术台，对于人体各个器官结构的了解还是不深入；新入职的销售人员如果不和前辈一起去拜访客户，做再多的培训也很难真正体会顾客的购买心理和销售中的难题。第二，知识具有一定的使用性，只有使用了，才算真正获得[2]。也就是说，知识就像是你在修车时会用到的钳子、扳手等工具，只有使用了，才能发挥它的价值。例如，你要学习制作家常菜宫保鸡丁，抱着菜谱看了十遍，不如亲自走进厨房在灶台前实际炒出来，虽然炒出来的菜或许并不那么美味，但你在炒菜的过程中知道了什么时候该放食材、什么时候该放佐料、放多少佐料、什么时候要加水、什么时候该出锅……

通过阅读这些案例，我们发现，获得知识、进行学习均发生在一定的情境中，而并非像以往的教学那样要通过言语传授。学习者可以在真实的环境中通过长期的耳濡目染学到大量的知识。对于这些知识，或许学习者本身都不了解是怎么获得的，也不清楚自己是否发生了学习，只有当用到这些知识的时候，学习者才意识到自己已经学会了这一切。

2. 核心概念——实践共同体

"实践共同体"的英文是"Communities of Practice"，直译的话可以翻译为"实践的社团"[3]，通俗来讲就是"一群人"，但这并不是随意从大街上拉过来的一群人，他们有着共同的目标，例如，互联网广告公司的产品运营部门的员工共同的目标就是确保新上线的产品能够在互联网上正常运营，交警们的工作职责是维持道路交通秩序。另外，他们彼此间相互依赖，分享交流，

---

[1] 崔允漷，王中男. 学习如何发生：情境学习理论的诠释 [J]. 教育科学研究，2012（07）：28—32.

[2] 崔允漷，王中男. 学习如何发生：情境学习理论的诠释 [J]. 教育科学研究，2012（07）：28—32.

[3] 贾义敏，詹春青. 情境学习：一种新的学习范式 [J]. 开放教育研究，2011，17（05）：29—39.

例如，在学校中每个年级的教师都会组成几个学科组，如八年级语文学科组、数学学科组、英语学科组等。各学科组约好每周五下午第二节课的时候召开学科组会，汇报教学进度，分享本周在教学工作中遇到的问题和解决方法，聆听其他教师的分享，共同讨论教学问题，制订下一周的教学计划……教师们彼此交流分享教学心得，共同学习，共同进步，同样构成了一个"实践共同体"。

3. 核心概念——合法的边缘性参与

情境学习理论的第三个核心概念是"合法的边缘性参与"，或许你看完会有这么几个疑问：什么是"合法"，难道还有"不合法"一说？"边缘性参与"指的又是什么？所谓"合法"意味着有意义，也就是说学习者在这个实践共同体中是有存在意义的，有权访问共同体中的所有共享资源且有话语权，而非团体中的"小透明"。与"边缘性参与"相对的就是"充分参与"，大致意思就是说，当你以一个新手的身份进入团体的时候，你只能参与团体内的一部分活动，并不能参与团体内的所有活动。例如，公司要举办年会，所有的工作人员组成一个团队，他们各司其职，里面有总导演、灯光组、音响组、宣传组等，总导演作为整个团队的核心人物当然要对所有工作有整体的把握，而你只是音响组里面的一个工作人员，只需干好你的本职工作即可。

二、教师该如何创设情境？

了解了什么是情境学习，也抓住了情境学习理论中最为核心的三个概念，想必各位教师已经意识到了情境学习对于教育教学的重要指导意义。那么当前科技手段如此发达，教师该如何创设情境促进学习者学习的发生呢？具体包括以下四项原则。

1. 原则一——借技术，创设情境

要想开展有效的情境学习，情境的创设必不可少。情境的种类有很多，真实的、虚拟的、古代的、现代的……那么在众多情境中，什么样的情境更

适合学习呢？有学者研究发现，适合学习的情境应该是一种真实的社会情境[1]，其中强调了两点内容：真实性和社会性。

真实情境强调为学生创建一个真实的环境，有条件的话，教师可以带领学生走出课堂，在校园、工厂、田地等场地中学习知识，解决实际问题。如果是一些带有危险性的或者存在安全隐患的地方，教师则可以借助图片、视频、动画或者 VR/AR 技术创设逼真的虚拟情境，让学生仿佛身临其境。举个例子来说，教师组织学生走出教室，探究校园自然环境，学生们带着好奇心和一双双发现美的眼睛去感受校园的自然风光。有的人发现教学楼旁的老槐树上有一个燕子窝，里面住着两三只燕子；有的人发现花坛中月季花下的蚯蚓正在松土；有人注意到了午后阳光穿过树叶洒在地上的稀疏光影……这些自然风光都是学生自己发现的，比作文书上的素材更生动，更具有生活气息，学生们不必背诵优秀范文同样可以写出好文章。

社会情境强调了社会群体对学习的重要性，与前面提到的"实践共同体""合法的边缘性参与"两大核心概念相呼应。学生与同伴组成实践共同体，并在共同学习的过程中进行交流分享，发表自己的想法和观点，给同伴提建议。在这一过程中，学生由边缘性参与向充分性参与过渡，由新手蜕变为专家。

2. 原则二——借技术，构建共同体

正所谓"三个臭皮匠，顶个诸葛亮""众人拾柴火焰高""人心齐，泰山移"，古往今来，人们十分看重团队的重要性。无论你从事什么职业、是什么身份，都不是在孤军奋战，而是与团队中的同伴并肩作战。例如，企业中有分属部门，医院中有科室团队，文学创作中有作家协会，学习中有学习小组。因此，学生在学习的过程中不仅要学习书本上的知识，还要找到与自己志同道合的伙伴，构建学习共同体，在社会化的情境中学习成长。

值得注意的是，处于一个学习共同体中的成员的职业、身份、年龄等都不确定，即便一个学习共同体中的成员都是学生，大家下了课也都回到自己的家，很难集中在一起，因此，线下固定场所、固定时间的交流受到限制，

---

[1]　崔允漷，王中男. 学习如何发生：情境学习理论的诠释 [J]. 教育科学研究，2012（07）：28—32.

这时就要发挥技术的作用来使学习共同体的组合更加容易。例如，成员们可借助视频会议、微信进行交流讨论，借助石墨文档、语雀等进行在线协作，这样无论是在地铁、公交车上，还是在办公室、教室内，成员们都可以进行学习讨论，在情境中学习。

3. 原则三——借技术，树立学习榜样

在你小的时候，你的父母是否会经常提起"别人家的孩子"，或者你就是那个"别人家的孩子"。现在我们提到这个说法时常常带有调侃的意味，其实父母经常提起别人家的孩子只是为了让我们能够以其为榜样，学习其良好品质。

裁缝店学徒以自己的师傅为榜样学习如何为顾客量体裁衣，学习者在学习过程中也可以将教师或者自己欣赏的同学作为榜样，通过向其学习，能够让自己少走弯路、少碰钉子。在这里，学习者可以借助学习档案袋中的学习记录了解自己最近的学习情况、与学习榜样之间的差距及自己的优势和劣势，从而做到"知己知彼"，能够更加有针对性地朝着学习目标努力。值得注意的一点是，向榜样学习不要照本宣科，不然就成了榜样的复制品，失去了自我。

4. 原则四——借技术，培养多样性

这里提到的多样性并不是说让学生在学习的时候三心二意，也不是说让学生什么都学，让学生成为"上知天文、下知地理、中晓人和"的天才少年，而是在明确目标之后，有针对性地去学习。另外，通过与学习伙伴的交流讨论，丰富自己看待问题的角度，使自己的思维立体化。

在当前的教育领域中，各种机构犹如雨后春笋般层出不穷，例如，新东方、学而思等在线辅导机构，作业100、小猿搜题等题库类企业，极课大数据、智慧学伴等专注于教育数据分析的工具，国家中小学网络云平台、爱学堂等学习资源平台……学生不必局限于课堂上教师讲授的知识内容，可以通过互联网学习。

❀ **行动研修**

在"理论导航"部分我们了解了情境学习的相关概念，也知道了创设情境促进学习的四大原则。在"行动研修"部分，我们结合具体的教学案例进一步了解该如何在实际教学过程中开展情境学习。

一、贴近现实生活，创设真实情境

中小学课本中的许多知识其实都是前人在实际生活中发现的，语文课本中的风花雪月在如今的生活中我们同样可以看到，英语课本中的对话场景也是我们日常的生活场景，物理课本中的科学实验也是对现实生活的提炼总结……因此，教师在开展教学活动的时候，完全可以将科学知识与学生的实际生活结合在一起，创设真实情境。

小学英语教师李老师正在给学生讲《My clothes》的课文，该课主要学习"dress""skirt""hat""cap""T-shirt""jacket"等单词，并学会使用"Great!""How nice!""Good!"等句式予以回答。李老师在课堂教学时创设"小伙伴路上偶遇"的教学情境，为了使教学情境更加逼真，李老师在课前还要求学生与家长一起利用废旧物品手工制作简易服饰和帽子。在课堂上，李老师首先带领学生朗读上述单词和语句，然后亲自进行对话示范，例如："Look at my T-shirt.""It is nice.""Look at my skirt.""How nice!""Look at my cap.""It is great.""Look at me.""Great!"另外，李老师在示范的过程中，还配合肢体动作加以解释。学生理解后，李老师邀请3—4名学生穿好自己制作的"服饰"来到讲台前进行表演，假装在路上偶遇，互相评价对方今天的穿着。在学生交谈过程中，李老师也没有闲着，例如，提醒学生配合动作进行表演，纠正学生表达和发音上的错误，等等。

英语作为一门语言工具类学科，重点不在于学生掌握了多大的词汇量，而是教会学生如何使用英语与别人交流。因此，在教学中，李老师借助简易服饰、小伙伴街头偶遇等方式创设现实情境，学生联系实际生活中见面打招呼、聊天的经验将所学的单词、语句娓娓道出。

为了更好地激发学生的学习积极性，语文刘老师以生活中常见的旅游参观为主题创设问题情境："假如你是三峡当地的一名导游，现在正带领着外地游客参观三峡风景区，请你来为我们介绍这充满魅力的三峡。"刘老师将全班学生分为四组："春季三峡组""夏季三峡组""秋季三峡组"和"冬季三峡组"，四组学生都开始了热烈的讨论。讨论结束后，四组学生依次上台以"导游"的身份向大家介绍三峡风景区。

"春季三峡组"导游赵同学："各位游客大家好，我是你们的导游赵同学。春季的三峡溪水清澈，两岸的树木翠绿茂盛，座座山峰陡峭笔直，像是用刀劈成的。大家请看前方的溪水，碧绿的溪水中倒映出周围的树木，溪水遇到石块形成急流，回旋着清波。再看远处的高山，山上生长着许多奇形怪状的柏树，挺拔得像一位位战士戍守着阵地。"

"夏季三峡组"导游钱同学："欢迎各位夏季来游览三峡！夏季三峡的水量最为充沛，江水经常会漫上山陵，这时上行和下行的船只都会被江水阻断去路，无法通行，这就是'朝发白帝，暮到江陵'的由来。"

"秋季三峡组"导游孙同学："初秋时分是来三峡参观的最佳时机，每逢初晴的日子或者清晨的霜还没有退去的时候，您来到三峡会觉得树林和山涧一片清凉和寂静。如果静下心来仔细聆听，偶尔还可以听到远处传来猿猴的鸣叫声。回声碰击着两岸的崖壁，使得声音听起来断断续续的，在空荡的山谷中悲哀婉转，不由得让人心生悲凉，这就是当地渔民们在歌谣中常常提到的'巴东三峡之中巫峡最长，猿猴鸣叫几声凄凉得令人眼泪打湿衣裳'。"

"冬季三峡组"导游李同学："冬季的三峡与其他季节相比，多了一种别样韵味。由于是淡季，游客不多且水质最好，我们可以享受到三峡难得的幽静。两岸雄伟壮丽的高山上点缀着尚未开尽的红叶，风景秀丽如画。我们可以三五成群闲坐在甲板上，沐浴在冬日的暖阳中，无比惬意……"

《三峡》是人教版八年级上册语文教材中的一篇课文，描绘了三峡雄奇险拔、清幽秀丽的景色，同时抒发了作者对三峡独特的美的喜爱之情。刘老师通过组织上述活动，创设真实情境，使得每位学生都以"导游"的身份参与到课堂中来，在轻松欢快的氛围内实现知识的理解与内化。

二、增加社会实践，创设实践情境

墨西哥的尤卡坦半岛曾是孕育玛雅文化的摇篮之一，在这里有一种神奇的文化传承：如果一位玛雅女孩成长为一名助产士，那么她的妈妈或者姥姥很有可能也是一位助产士，在外人看来，助产技能貌似存在于骨血中，在家族中代代相传。当走进她们的生活，你就会发现，在她们还是孩子的时候，她们或许就坐在某个角落看着自己的母亲或姥姥正在为产妇做产前按摩；在每天的茶余饭后，自己一边玩玩具一边听着母亲在讨论产妇生孩子的事情，例如，按摩手法、该用什么药治疗；当她们大一点儿的时候，母亲或许会让她们去药店买药和器材，也或许会让她们跑腿传递消息；再大一点儿，步入成年之后，母亲或许会让她们作为自己的助手参与到产妇生产的过程中，做一些产前按摩等小事，最终女孩们会脱离母亲的指导独立助产。其实玛雅女孩在小的时候并没有被刻意地要求未来一定要成为助产士，也没有被要求学习大量关于助产的知识，只是看着她们的母亲或姥姥常常帮助一位位产妇顺利地生下孩子。最后，她们长大了，也不知不觉地成为助产士，这一切都是那么顺理成章。事实上，在真实的实践情境中，学生往往能够学到书本上学不到的知识。因此，教师应鼓励学生增加社会实践。

秉承"读万卷书，行万里路"的教育理念和人文精神，我国开始推行研学活动。研学活动也被称为"研究性学习"，近年来研学活动与旅行相结合，成为一种呼吁学生"走出课堂，走向社会、自然"的校外教育活动。2018 年 8 月，绥化市第四中学的几百名学生利用寒暑假的时间，在研学教师的带领下参与为期五天的"京味文化"研学活动。学生们在清华学子的介绍下参观校园，感悟"自强不息，厚德载物"的严谨校训，领略"荷塘月色"的宜人景色，这样的名校参观在学生们的心中播下一颗希望的种子。此外，学生们在教师的带领下来到北京胡同参观四合院，在这里，学生了解了四合院的结构，也感悟到了家和团圆之意、长幼有序之分。之后他们还来到戏班，通过穿戏服、画脸谱、学动作等活动，感受京剧艺术的魅力。之后的几天里，学生们还参观了鸟巢、水立方、天安门、故宫等。通过此次研学活动，学生将自己置身在北京，通过参观、游览、体验、拓展等方式感受北京的文化魅力，收获课本中没有的知识与技能。

除了开展研学活动，学校也在尝试与校外企业合作，联手打造校外实践基地，例如，上海市自然博物馆为充分发挥博物馆的"第二课堂"作用，与当地中小学校合作，联手打造"奇特的千足百喙"活动，活动旨在通过展区参观和动手实践的方式向学生展示不同形态鸟类的主要特征、生活栖息地及二者之间的联系。在展区参观部分，学生们有组织、有纪律地安静聆听展馆工作人员的讲解，了解鸟类的五大生态类群，对不同类别鸟类的主要特征有了大致了解。另外，教师还可借助一些鸟类实物模型或视频动画进行进一步的解释说明。在动手实践环节，学生们利用展馆提供的材料进行鸟足和鸟喙的制作，加深对不同鸟类的鸟足和鸟喙的区分与理解。

正所谓"实践出真知"，当你在仰望星空的同时别忘记脚踏实地。近年来，随着研学旅行、博物馆第二课堂等社会实践活动的开展，学生开始走出校园，拥抱社会，拥抱自然，在实践中发现、领悟、学习，极大地丰富了学生的学习生活。

三、丰富教学资源，创设虚拟情境

在教学过程中，我们常常会遇到一些无法实践体验的活动，这些活动或许带有危险性，或许稍纵即逝，或许旷日持久，也或许是微观抽象的世界，不易观察，这时教师就需要借助丰富的教学资源，创设虚拟的学习情境，让学生在安全、可控的情境中学习。

化学中有这样一节课，学习内容是氯气的实验室制法，课程要求学生学习氯气实验室制法的内在原理是什么，如何制取氯气、如何安置仪器装置、用哪些药品及该如何收集氯气。然而，由于氯气是一种有刺激性气味的有毒气体，为了保证学生的安全，化学王老师决定使用教科书中配套的教学视频对氯气的制取过程加以介绍。在视频播放的过程中，王老师随时暂停视频播放对整个实验室制取氯气的原理、所用器材和药品、操作过程、注意事项等内容加以介绍。

资料链接：高中化学《氯气的实验室制法》
网址：https://v.youku.com/v_show/id_XMTYxNTExNDA5Ng==.html

在生物教学中，由于教授的内容大多为消化系统、细胞结构等生物体内部的微观结构，这样的结构既不易观察，又不易于学生理解。例如，高中生物《细胞的增殖》这节课的学习内容集中在动植物细胞有丝分裂的过程中，对于初次接触细胞的学生来说，细胞分裂的整个生理过程是抽象复杂的，单纯通过书本上简单的文字描述和几幅图片的展示很难将整个有丝分裂的过程了解清楚，而且对于这种微观的、存在于身体内部的变化过程教师也无法实际演示，该怎么办呢？这时就可以借助相应的动画模拟展示有丝分裂的全过程。学生通过观看动画视频清晰地理解有丝分裂的五个阶段（间期、前期、中期、后期、末期）、每一阶段细胞的变化及各阶段染色体/DNA分子/染色单体的数量变化等内容。另外，由于是以动画视频的形式展现有丝分裂全过程的，教师可以自行控制播放速度，也可以随时暂停观看，配合画面进行讲解。

资料链接：高中生物《细胞的增殖》
网址：https://v.youku.com/v_show/id_XOTk2MTAxMjA=.html

情境学习告诉我们，情境的真实性、社会性不可缺少。在日常教学中，教师应尽可能地为学生创设真实的学习情境，将现实生活问题引入课堂，如超市小票计算应用小数计算知识、水坝船闸修建利用物理连通器原理等，或者让学生走出校园，深入田野、博物馆、动物园等教育实践基地；此外，对于一些我们无法真实接触的环境，我们同样可以借助现阶段完备的软件技术增强教育的情境性，如虚拟现实、增强现实、混合现实等技术在教育教学领域中的应用。

第三节 基于网络的项目式学习：
让学生成为学习的主人

案例与分析

案例直击

　　汪老师的好友小张是一家肥皂公司的职员，最近小张的老板给了她一项挑战：为公司找到未来最环保的肥皂生产方式。老板给了项目的预算和一些具体要求，而她需要用这些资源找出一个最好的解决方案。她召集了几个员工组成了一个小组，首先研究了可能的选项都有哪些，接着对现在的情况进行概括，然后小张的团队向老板做了报告，以获得老板的反馈，最终小张找到了一个很棒的方案，她自己对环保产品有了更多的了解，感觉自己学到了很多。

　　汪老师是一位优秀的科学教师，她的学生们在每周五的测验上都表现得很不错，但这帮学生周六就把考试内容全忘了，汪老师觉得这样的学习没有效果，她准备让她的学生试试项目式学习。最近流感爆发，班上有一半的学生因为患上流感没来上学，她的灵感来了，决定以微生物为主题让学生进行项目式学习。在课堂上，汪老师问学生们为什么会有这么多的同学同时生病，大家讨论得很激烈，提出了很多有趣的问题，还有很多学生想要去了解相关知识。于是汪老师宣布这个项目就是要让学生们知道怎样才能避免生病。首先学生自行分组，之后学生以小组为单位提出问题、进行研究、合作讨论、寻找反馈，并且找到向小学生解释的最佳方法。其中，有一个小组决定通过拍视频来解释勤洗手和预防流感之间的关系，还有小组通过画海报来展示病毒传播的方式，这些小组最后将成果展示给附近学校的小学生和他们的家长们，而这些家长中就有汪老师的好朋友小张，她在这些学生的身上找到了自己以前的影子……

案例诊断

你还记得以往的课堂是什么样的吗？坐在教室里，记住越多越好，最后再考一场试，但是这就 OK 了吗？现在课堂可以更有趣，也可以更有效率，可以让学生们做一些有意义的事情，这就是传说中的项目式学习。大多数成人生活中充满项目，工作中布置的任务、住房改善或者计划一场婚礼……我们需要主动去解决那些问题。

如果你仔细观察的话，小张的批判性思维、合作能力和沟通能力都得到了锻炼，而这些在以往的课堂教学中教师是不会教的。世界上需要很多像小张这样的人，那我们怎么找到他们呢？答案就是项目式学习。通过一个个项目的学习，学生不仅可以拓宽知识面，还能掌握一些对未来工作有用的能力。在教学中，汪老师的学生们在这个项目中锻炼了批判性思维、合作能力和沟通表达能力，这样的项目不是要让学生死记硬背，而是深入研究关于病毒的知识及如何预防疾病传播，给学生们一段很难忘的课程学习经历。因此，为了学生能力的发展，为了学生未来的生存需要，教师应适当地提出启发性问题，组织学生开展项目式学习活动。

理论与应用

理论导航

一、何为"项目式学习"？

说了这么多，那什么是项目式学习呢？项目式学习也被称为基于项目的学习，即 Project-Based Learning。基于建构主义学习理论，项目式学习是指在系统学科知识学习的基础上，学生综合运用多学科学习成就进行自主学习的一种综合性、活动性的教育实践形态，这种教育实践形态是学校教育不可或缺的组成部分[1]。项目式学习最具有灵魂性的关键之处在于"主动获取知识"及"解决实际问题"。

---

[1] 郭华. 项目学习的教育学意义 [J]. 教育科学研究，2018（01）：25—31.

1. 思想精髓——主动获取知识

美国小学三年级科学课有这样一节课，主要学习动植物的形态特征，并在此基础上了解这些形态特征对它们在特定环境中生存繁衍的影响。在以往的课堂教学中，教师一般会采取这样的步骤开展教学工作：教师首先展示课前收集的关于动植物的形态特征及它们所处的生存环境的资料，并引导学生对比分析二者之间的共性与差异，最后归纳总结出动植物形态特征对它们生存环境的影响，在归纳总结的过程中，有些教师会让学生来进行归纳总结，教师在学生答案的基础上予以补充。

然而，这位科学教师是怎么设计教学的呢？这位教师首先展示了许多鸟类的照片，它们的羽毛有的颜色艳丽，有的则颜色暗淡，喙有的很长，有的则很短，足趾间有的无连接，有的则长有蹼，在了解完各种鸟类的形态特征后，教师又展示了一些鸟类生活环境图，然后让学生根据不同鸟类的形态特征猜测它们各自的栖息地，并以小组为单位讨论猜测结果与推测理由，在小组讨论结束后教师公布正确答案。到这里和以往的教学貌似没有什么不同之处，这时教师提出一个问题："假设你是一位鸟类研究专家，你在某地发现了一种无名鸟类，请画出该鸟的形态特征和它所处的生态环境。"这一开放性问题或许看上去并没有正确答案，学生可以随意作画，但其实这里面包含着整节课的所有知识点。如何设计这种无名鸟类？它所处的生态环境应该是什么样的？该鸟类的形态特征是否与它所处的生态环境相匹配？你是如何解释它们之间的联系的？这些问题都需要学生通过书籍、网络进行查询与学习，在这一过程中，学生主动地获取远远超出课堂范围的知识。

2. 思想精髓——解决实际问题

David Hunter 是一位初中地理教师，他设计了一种名为"僵尸地理"的项目式学习活动，备受项目式学习领域专家及教师的关注。为什么他设计的项目式学习备受人们的关注呢？原因在于 David Hunter 使用的地理课本，如图 5-2 所示。整本书以漫画的形式予以呈现，讲述了地理教师 David Hunter 与他的学生们一起利用地理知识逃离僵尸魔爪的故事。其中一节是这样展开介绍的：面对僵尸的追杀，我们在 David Hunter 老师的带领下逃了出来，那么接下来我们该去往何方？运用故事情境渲染气氛，为后续学习人类迁徙规律——拉文斯坦移民法则相关知识做铺垫。针对上述问题，教师要求学生展开小组讨论制定一套详细的逃跑路线图，并说明理由。

在这次的项目式学习活动的开展过程中，"制定一套详细的逃跑路线图"虽然并不是实际存在的问题，但可以通过小组讨论锻炼学生的团队合作、沟通表达、批判思考等多种在学习中必备的技能。

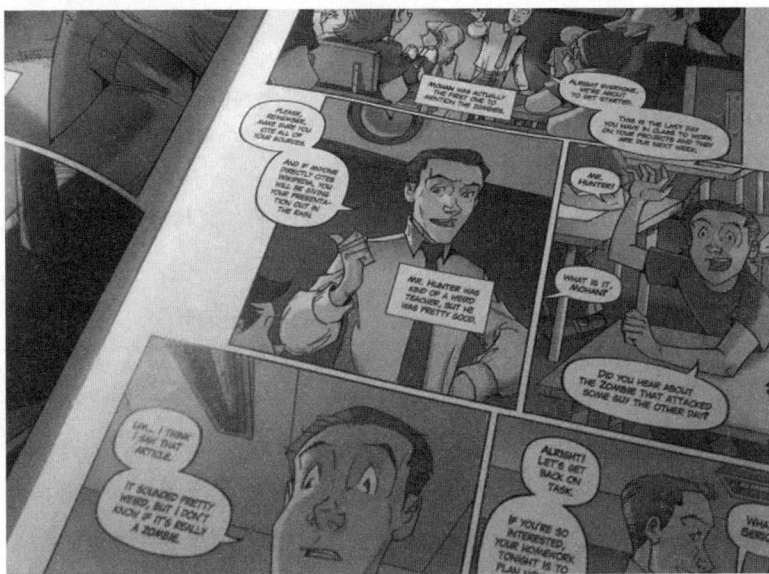

图 5-2 "僵尸地理"课本

二、问题式学习 VS 项目式学习

认识了项目式学习的两大思想精髓——"主动获取知识"和"解决实际问题"后，有教师就会问了："这种项目式学习与我之前了解到的问题式学习有什么不同呢？"所谓的问题式学习（Problem-Based Learning，简称 PBL）是指通过设置有意义的问题情境，让学生在问题解决过程中学会所学知识，

并在此基础上发展协作学习、问题解决能力[1]。二者的相似之处及差异[2]
如表 5‑1 所示。

表 5‑1   问题式学习与项目式学习的异同点

		问题式学习	项目式学习
同		问题的开放性——多种解决方案 以教师为主导，从学生为主体 协作探究 评价方式多元化（自评、互评、教师评）	
异	理论基础	建构主义理论 社会文化理论	建构主义情境学习理论
	持续时间	持续时间短 每学期5—6个问题	持续时间长 每学期一个项目
	涉及学科	单一学科	跨学科
	学习模式	探究模式 （以问题为出发点，进行信息的采集、归纳、创造和反思）	产品模式 （明确问题、方案设计、活动探究、作品制作、交流分享、评价总结）
	解决问题的水平	问题分析（理论化）	问题解决（实际）
	结果	展示知识获得的程度	作品

---

[1] 刘梦莲. 基于问题式学习（PBL）的设计［J］. 现代远程教育研究，2003（01）：39—43，
64.

[2] 赵楠，裴新宁. 问题式学习和项目式学习［J］. 上海教育，2019（07）：72—74.

三、技术成为项目式学习的强有力后盾[1]

1. WebQuest & 项目式学习

"Web"译为"网络"，"Quest"译为"寻求""调查"，因此"WebQuest"可以译为"基于网络的调查"，可以理解为一种以网络资源作为支撑的探究式学习活动，本质上是项目式学习的一种。在 WebQuest 学习过程中，学生根据教师提出的学习要求，利用网络资源，与同伴开展小组探究活动，在交流讨论过程中完成学习任务。

2. 社交网络 & 项目式学习

六度分隔理论曾指出，你与世界上的任何一个人之间所间隔的人不会超过 6 个，换句话说就是，最多通过 6 个人你就能够认识任何一个陌生人。技术的进步给人们的工作学习带来巨大的便利，人们或许不必再去寻找那 6 个中间人，就可以与陌生人进行交谈了。强大的社交网络不仅实现了人们与朋友随时随地的沟通交流，也加强了与领域知名专家学者的联系。在教学过程中，学生可以借助社交网络咨询国内外教师、行业工作者，使其为自己的学习提供相应的支持。

3. 翻转课堂 & 项目式学习

前面我们介绍过项目式学习持续时间较长，学生需要围绕一个项目展开探究，为了能够充分利用课上的宝贵时间，教师将翻转课堂思想引入项目式学习中，在课前学生借助教师发来的资料了解项目式学习整体情况，在课堂上学生专注解决项目中的问题，教师给予适当的指导。

4. 创客教育 & 项目式学习

创客教育融合信息技术，秉承"开放创新、探究体验"的教育理念，通过制作机器人、小车、3D 打印模型等发明创造活动，培养学生问题解决、创造创新和动手实践的能力。从这里我们可以看出，创客教育的人才培养思路

---

[1]　胡祖奎，张渝江. 项目式学习的要素和技术支撑 [J]. 中小学信息技术教育，2017（04）：13—15.

与项目式学习相类似。因此，教师也可以基于创客教育开展项目式学习。

5. VR/AR 技术 & 项目式学习

项目式学习基于建构主义情境学习理论展开，强调了学习情境的真实性。然而，在日常教学中，由于场地、学校教学条件、安全等问题，并不是所有教学情境教师都可以带学生去观察感悟的，这时教师可借助虚拟现实技术、增强现实技术等互动技术增强学习情境的真实性。

❀ **行动研修**

通过上面的介绍，我们了解到项目式学习强调将学习任务以项目活动的形式展开[1]，学生在这一过程中获得科学知识及更重要的技能。然而在以往的项目式学习中，常常因资料信息不充分，活动探究受时间、空间因素的限制，分享交流形式单一，评价手段缺乏新意[2]，等等，项目式学习流于表面。随着互联网时代的到来，万物皆可互联，信息获取渠道的拓展、异地的实时协作、评价方式的多元化等使得网络时代背景下的项目式学习迸发新的活力。

地理何老师准备了一节项目式学习课程"和我一起逛北京——北京一日游路线图设计"。本节课所涉及的内容为人文地理科学中的旅游地理，包括各地区旅游资源的分布情况、当地文化与旅游资源的关系、旅游资源规划设计等内容，学生通过学习更好地了解旅游资源的价值所在、旅游资源该如何合理开发利用及世界各地的特色旅游资源有哪些等。

一、明确问题

问题的确立是决定整个项目式学习顺利开展的关键所在，例如上面我们提到的"假设你是一位鸟类研究专家，你在某地发现了一种无名鸟类，请画出该鸟的形态特征和它所处的生态环境"及"制定一套详细的逃跑路线图"。教师在设计问题的时候不仅需要考虑问题与本节课教学目标、教学内容的相

---

[1] 胡舟涛. 英语项目式教学的探索与实践 [J]. 教育探索，2008（02）：70—71.
[2] 唐雅慧. 网络环境中项目式学习评价指标体系研究 [D]. 重庆：西南大学，2013.

关性，还要考虑问题设置的难度，始终保持在学生的最近发展区内。另外，教师所设置的问题应为开放性问题，不是那种用对错、是与不是就能简单回答或存在准确答案的问题，要让学生有话说。

在课程开始之前何老师制作微课视频，介绍北京的地理环境、城市概况、气候、地域文化及当地具有代表性的旅游资源，具体内容如表 5 - 2 所示，学生则利用课余时间自主预习。在课堂教学阶段，何老师首先回顾了课前预习内容，对重难点着重讲授。紧接着，何老师提出问题："如果你是北京市的一名城市导游，如何为外地来的游客设计一日游的旅游路线规划？"该问题是此次项目式学习活动的核心所在，学生围绕"旅游路线规划"展开。

表 5 - 2　北京旅游地理

	具体内容
地理环境	经纬度、位置、周边城市
城市概况	中国第二大城市 中国四大古都之一 中国拥有世界文化遗产最多的城市 人口数量
气候环境	典型的北温带半湿润大陆性季风气候（夏季高温多雨，冬季寒冷干燥，春、秋短促）
地域文化	旧石器文化、都城文化、皇家文化、长城文化、京剧文化
旅游资源	食——豆汁儿、酸梅汤、茶汤、小窝头、北京烤鸭、驴打滚、爆肚、冰糖葫芦…… 住——四合院、胡同 行——铁路、航空、市内交通 游——故宫、长城、颐和园、天坛、八大胡同、香山…… 购——王府井大街、西单商业街、前门大栅栏、国贸商城、东方新天地、中关村广场……

二、方案设计

在教师抛出本次项目式学习的问题后，学生以小组为单位针对问题进行解决方案设计，在这里学生首先会将教师抛出的问题拆解成几个小问题，分别针对每个小问题进行资料收集、归纳整理、交流讨论，最终形成小组方案，包括活动的时间阶段、流程设置、人员安排等。小组在交流讨论过程中，也可借助 MindMaster、语雀、石墨文档等团队协作工具。

在此案例中，学生们自行组成 5 人小组，全班共划分为 8 个小组，学生们利用课堂和课余时间对项目活动进行规划安排。规划安排包括人员安排，例如，有的学生负责打开浏览器搜索北京的著名景点、特色美食，有的学生负责通过 QQ、微信等社交软件与远在北京的同学交流，了解当地的交通状况和气候环境情况，有的学生负责将大家收集到的材料进行整理归纳，小组成员各司其职；也包括项目进度安排，例如，本周五前要完成某件事……

有条件的小组由组长组织线下会议进行路线规划设计，没条件的小组则借助石墨文档、语雀等在线协作编辑软件开展线上路线规划设计，完成大体路线图。

三、活动探究

方案设计是将灵感落到纸面上，而活动探究是将方案设计变为现实。活动探究的方式主要包括线上和线下两种，线上通过网络资源查找、与专家进行远程会议等方式开展；线下则可以查询图书馆资料、实地访谈等。

以某一小组为例，该小组在商议后，决定以"现代文化之旅"为主线，带游客参观了解北京的现代建筑和风景，领略现代北京的繁华。小组成员通过网络、好友、书籍等不同渠道收集众多资料，梳理归纳后，小组成员讨论决定为游客安排游览鸟巢、水立方等特色景点。大体路线规划结束后，该小组成员通过北京市旅游信息咨询服务中心远程与当地经验丰富的在职导游进行通话交流，导游针对小组前期制定的路线规划给予一定的指导意见，并在通话结束前邀请各位同学有机会来北京玩。

四、作品制作

在完成活动探究后，学生将线上或线下收集到的资料信息归类整理，并在此基础上与小组成员共同制作作品，作品的形式不限，如文字、图片、手工海报、视频动画……这时学生可以借助第四章提到的信息呈现工具，如思维导图、万彩动画大师、PPT 等，进行作品制作。

在地理项目式学习活动中，小组成员在与当地导游通话后感觉收获颇丰，并针对导游给出的建议对路线规划进行了修改调整，最终在小组全体成员的努力下顺利地完成了"北京一日游"的旅游路线规划设计。

五、交流分享

小组作品制作完成之后，就要将作品或设计方案展示给大家，向大家介绍作品或方案设计的背景、主要内容、效果，分享后，其他同学针对该小组作品发表自己的观点并提出修改建议，也可以针对某一点展开提问，学生间通过分享作品、交流想法，加深对问题的思考。

在第三次课上，教师专门安排让各小组分享自己组制作的旅游规划设计方案。在课上学生借助教室内的电脑等设备展示小组制作的"北京一日游"的旅游路线规划设计方案，有的小组参考商务旅行规划设计模板进行创作，形成标准的设计方案文档，有的小组则以时间为主线，为游客制定了精准的时间安排表，有的小组则设计了"现代风""古典风"两种风格的旅游路线供游客自行选择。此次的分享交流让教师和学生都大开眼界，在课上学生们踊跃发言，场面十分热闹。

六、评价总结

在活动的最后，教师回顾课程内容，结合各小组作品进行总结。而评价一直持续在整个项目式学习活动中，从时间阶段上可以分为形成性评价和总结性评价，在评价对象上可以分为学生自评、组内互评、组间互评、教师评价等。当然，教师也可以借助相应的软件工具，如蓝墨云班课、雨课堂、UMU 等，采取投票、打分等新型评价方式。

本次项目式学习活动的评价贯穿在活动开展的整个阶段，学生在参与小组讨论进行方案设计的过程中，其组内发言情况、与同伴合作情况、任务完成情况都将作为个人自评和组内互评的评价指标；在交流展示环节，小组代表的展示情况、作品完成度也会作为组间评价标准；此外，教师会结合各小组及小组中每个人的参与情况为其打分，具体打分方式为，教师使用评审团举牌打分的形式为每个小组的作品进行打分，其余评分则以 QQ 群组中的"投票"功能与纸质评分相结合的方式开展。最后，在本次项目式学习活动即将结束时，教师对本次活动进行总结，并带头分享活动心得，然后请几位同学分享他们在整个活动过程中的收获和感想。

当今时代，信息获取太过便利，人们动动手指就可以检索到海量信息，另外，知识更迭也越来越快，很多知识还没来得及学习就已经过时。因此，教师教学的目标已不再是学生掌握知识的多少了，而转向对学生学习能力、信息素养、团队协作能力的培养。在项目式学习理念的指导下及技术手段的支持下，学生自行收集资料，与小组伙伴讨论交流，合作完成作品并进行展示，在一系列的活动中提升能力，更好地迎接未来的挑战。

第四节　翻转课堂：让学生成为自定步调的学习者

案例与分析

案例直击

最近学校新招收了一批青年教师，谭老师作为一名拥有 20 年教龄的老教师，当之无愧成为"老带新"互帮组的组长。不知不觉间，新教师已经入职一个月了，谭老师为了更好地了解青年教师的情况，组织了一次互帮组讨论会。在会上，每个新入职的青年教师都要交流自己的教学心得，大家发现了一个现象：考虑到教学进度的问题，教师在课堂教学过程中只能以统一的方式讲授知识，不能很好地顾及每位学生的感受，而每位学生对知识的反应都是不同的，小张同学听懂了，小王同学觉得无聊，小李同学没有弄懂。一天结束了，学生们回家开始完成作业，大家都努力回想教师在课堂上所讲的内容，像小张这样的学生基本上能完成大部分作业，小王同学觉得很容易并且飞快地就做完了，而像小李同学这样的学生就很纠结，因为他还需要更多的帮助。教师们都意识到每个学生都有不同的需求并且愿意为每个学生做逐个的辅导，但这需要大量的时间和资源，是根本不可能实现的，这让他们有些不知所措。

✤ 案例诊断

全球每天至少有数亿学生走进教室学习，在这些学生中，有人喜欢"边学边做"，有人喜欢与别人一起合作学习，也有人喜欢按部就班，一步一个脚印地学习。然而，一个很现实的问题摆在大家面前：在课堂教学过程中，教师只有一个，教师既不是三头六臂的哪吒，又没有分身技能，根本无法顾及每个学生的学习。

在以往的教学中，教师通常站在黑板前系统地讲解知识，学生则被动地坐在下面接收来自教师的统一信息。此外，学生的学习情况各有各的特点，有的学得快，有的则学得慢，有的已经提前在补习班学习过相关知识了，有的学生连学习的基础都没打牢，而教师只能将班级整体学习情况作为参照，以一定的速度教授知识。在这样的课堂上，即便是再优秀的教师也无法吸引全体学生的注意力。学生们放学回到家里，在做家庭作业的时候也是状况百出，有的学生发现自己有好多题目都不会写，想问家长，家长也不会，想问教师，教师又不在自己的身旁，这让学生备受打击；有的学生则认为教师布置的题目太简单了，分分钟将作业搞定就去玩了。等到第二天上课，学生忘记了自己在学习上存在的漏洞，而教师又开始讲新的知识……这样恶性循环下去，学生在学习中的漏洞越来越多。教师应该如何解决这个棘手的问题呢？

解决这个问题的办法就是翻转课堂，让学生成为自定步调的学习者。这样，学生每天在家通过个性化学习平台学习知识，小张同学遇到不会的问题可以马上查看解析，不把问题留到后面；小王同学也不再觉得无聊，因为他可以根据自己的能力做额外的练习；小李同学也不再纠结，因为他可以反复学习他没有掌握的内容，如果他真的无法进行，可以寻求教师和同学们的帮助，互动学习平台让他们的沟通变得简单高效。学生课前学习状况也将以报告的形式及时反馈给教师，教师根据每个学生的不同情况单独备课，解决学生的个性化问题。就像家庭作业不同一样，上课形式也变得不一样了，教师不仅仅站在教室里授课，更要走到学生中间，使教师对每个学生学习情况的真正了解成为可能。在翻转式的学习过程中，学生直接获取知识，教师更加关注学生获取知识的效果和能力。

理论与应用

◎ 理论导航

说起翻转课堂，不得不提美国科罗拉多州的林地公园高中。在这所高中里，两名化学教师为了帮助缺席的学生补课，突发奇想，开始利用录屏软件录制 PowerPoint 演示文稿播放和教师讲课的声音，并将视频上传到网络，以供缺课学生学习。学生们则可以随时查看，无论是早上六点，还是晚上十点；无论是坐在公交车上，还是坐在图书馆里……从此刮起了一场改变传统教学模式的革新之风——翻转课堂。2011 年，萨尔曼·可汗在演讲报告《用视频重新创造教育》中指出，很多中学生晚上在家观看可汗学院的数学教学视频，第二天回到教室做作业，遇到问题时则向教师和同学们请教，这种与传统的教师白天在教室上课、学生晚上回家做作业的方式正好相反的课堂模式，我们称之为翻转课堂。自此翻转课堂成为教育者关注的热点。

一、何为"翻转课堂"？

翻转课堂是指教育者赋予学生更多的自由，把知识传授的过程放在教室外，让大家选择最适合自己的方式接受新知识，把知识内化的过程放在教室内，以便师生之间、生生之间有更多的沟通和交流。传统课堂中学生的学习过程总体分为两个阶段："知识传授的过程"和"知识吸收消化的过程"。翻转课堂也分为两个阶段："知识吸收和消化的过程"和"知识讲解的过程"。传统课堂是先教后学，翻转课堂是先学后教。翻转课堂模式用视频代替面对面授课，运用知识则在课堂上教师的辅导下进行，实现了学生的高效和个性化学习，也就是说，教师利用科技手段和技术支持，将自己要讲解的内容做成视频和课件，学生在家提前观看，先自学，第二天在课堂上做作业进行练习，巩固自学的知识，教师及时帮助那些写作业有困难的学生，已经消化理解知识的学生也可以帮助不理解的学生。

除此之外，翻转课堂中还有两方面的内容不容忽视：第一，课外真正发生了深入学习。让课外真正发生深入学习其实并没有我们想象中那么简单，如果学生只是提前看看课本，做做习题，这不叫翻转课堂的一部分，只能称之为课前预习。预习是浅层的，预习过后，课堂上教师依旧要花费大量时间和精力用于知识点的讲授，这种预习很早就有了，并非真正的翻转课堂。第二，课堂上真正能够让思想相互碰撞。学生通过观看讲解的视频，将原本课堂内的事情转移到课外了，无论我们是否采用视频的形式，在构建翻转课堂的时候，都务必记住让深入的学习能够发生在课外，如果我们真想促成翻转课堂，就必须认真地思考如何引导和激发面对面的思想碰撞与情感共鸣。"在线视频＝翻转课堂"是翻转课堂的常见误区，每当人们听见翻转课堂，第一个念头就是视频，将翻转课堂当作在线视频的代名词，其实富有成效的面对面互动学习活动才是翻转课堂最重要的价值。

二、究竟要怎么"翻转"？

其实，想要实施翻转课堂并非难事，无论是数学、物理、语文，还是其他学科，无论是十几个人的小班，还是一百人的大班，无论是最一般的课桌、板凳的传统教室，还是设备先进的智慧教室，只要你想进行翻转课堂，都可以设计不同的翻转课堂教学方案。那么在实际操作中究竟该怎么"翻转"呢？其实并没有一种确切的教学模式。

美国学者 Robert Talbert 教授提出一种翻转课堂教学模式[1]，如图 5-3 所示。该模式大致分为"课前"和"课中"两个阶段，课前，学生观看教学视频并进行有针对性的课前练习；课中，教师进行简单的测评以了解学生课前自学情况，然后学生提出问题，教师予以解答，促进知识内化的同时有助

---

[1] 宋艳玲，孟昭鹏，闫雅娟. 从认知负荷视角探究翻转课堂：兼及翻转课堂的典型模式分析 [J]. 远程教育杂志，2014，32（01）：105—112.

于开展个性化教学。

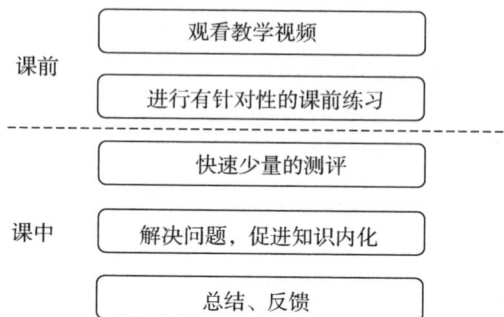

图 5 - 3　Robert Talbert 的翻转课堂教学模式

　　但这种教学模式只适用于部分理科教学中，对于文科那种需要感悟理解的知识教学并不十分适合。重庆市聚奎中学校的张跃国、李敬川[1]结合自身教学实例，提出了"'四环'＋'五环'"的翻转课堂教学模式，如图 5 - 4 所示。教师在课前结合教材内容及学生学习起点，制作课前导学案，包括导学目标、导学内容、视频脚本、与之相关的习题资料等。导学案制作完成后对教学视频进行创作，这里可以借助万彩动画大师、PPT 自带的录屏功能予以实现。视频制作完成后，教师可将教学视频和其他教学资源一并打包发送给学生，学生结合自己的时间自定步调进行学习。在课前教师收集学生自学情况信息，包括是否完成视频观看、是否完成习题练习、是否存在不会的题及哪些知识点没理解、哪些题不会做……进而帮助教师更好地制定教学步调，为不同的学生提供个性化教学。在课堂教学过程中，教师组织学习小组，让学生在组内进行互帮互助，这样一些简单的题在学生小组内即可消化，难度较大的题则由教师统一讲解。教师根据学生们的学习进度有针对性地开展练习巩固与拓展学习，满足不同学生的学习需求。教师在练习巩固与拓展学习过程中鼓励学生自行查找并纠正错误，以促进知识的理解。最后，教师对教学内容进行回顾总结，再次梳理重难点。

---

　　[1] 张跃国，李敬川. "三四五六"：翻转课堂的操作实务 [J]. 中小学信息技术教育，2012 (11)：82—83.

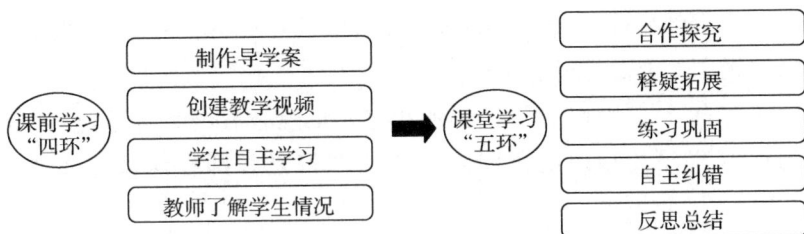

图 5-4　"'四环'＋'五环'"的翻转课堂教学模式

除此之外，江南大学的刘向永在《翻转课堂实操指南》[1]一书中也对翻转课堂的教学过程加以叙述，将整个过程划分为"学习内容分析与目标设计""教学微视频制作""课前自学与测评""课堂教学设计与实施"和"总结性评价与效果评估"五个阶段，如图 5-5 所示。

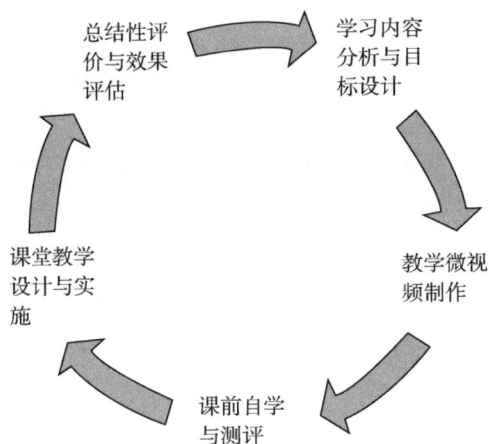

图 5-5　翻转课堂的五阶段教学

* "学习内容分析与目标设计"：值得注意的是，这里提到的学习内容和目标并非以往教学中的学习内容和目标。除此之外，教师还应考虑学生的学习起点，以设计更适合学生的教学活动。
* "教学微视频制作"：考虑到学生是在家中学习，而不是在严肃的课堂

---

[1]　刘向永.翻转课堂实操指南 [M].长春：东北师范大学出版社，2016.

环境中学习，教师制作学习视频时应把握以下两点：第一，视频时长不宜过长；第二，视频具有趣味性。

• "课前自学与测评"：学生在观看完教学视频后，要通过做一些习题了解自己的预习情况及知识的薄弱点，这些都将是教师在课堂上重点讲解的内容。

• "课堂教学设计与实施"：教师基于学生课前学习情况有针对性地制订课堂教学计划，并在课堂教学中按照"问题的确定—协作探索—成果交流—反馈评价"的基本流程进行教学。

• "总结性评价与效果评估"：课堂教学结束后教师询问学生学习情况，及时改进不足之处。

三、技术助力翻转课堂

前面我们借助一些学者和一线教师提出的教学模式了解了翻转课堂该如何"翻转"，为教师开展翻转课堂式教学提供了一定的指导，但一线教师常常没有时间和精力设计完整的翻转课堂式教学活动，他们面对教学视频的制作、学习数据的收集及课堂的互动等问题总是力不从心。随着时代的发展，技术手段层出不穷，互联网、大数据、人工智能、VR（虚拟现实）/AR（增强现实）/MR（混合现实）等技术也开始向教育行业渗透，因此，教师可借助先进的信息技术，解决自己在开展翻转课堂活动过程中遇到的问题。

1. 技术助力课前自主学习

在翻转课堂教学过程中，课前教师需要将制作好的视频资源和相关习题打包发给学生。因此，课前的视频可谓学生自主学习的关键，然而教师常常苦恼于没有时间和精力自制课前学习视频，这是开展翻转课堂教学的第一道难关。技术的介入让教师轻松闯过第一道关卡，教师可在腾讯视频、优酷视频等视频类网站和"中小学信息技术教育"等相关教育教学公众号中搜索合适的教学视频，并对视频进行再加工。

除此之外，学生课前学习数据的收集工作依旧严峻。学生和教师处于分离的状态，教师并不能像平时在课堂上一样，将学生写好的试卷收集上来进行批改。这时，教师同样可以借助身边的技术工具，例如现在的教学中都会用到的 QQ、微信等社交软件创建班级群组，教师可以在班级群组内发布投票活动，学生通过投票向教师反馈课前学习情况。另外，教师还可以使用"课堂派""蓝墨云班课"等作业神器，批改学生的作业，以了解每位学生的学习状况，为后续开展针对性教学提供支撑。

2. 技术助力课堂知识内化

学生在课前借助教师提供的视频等学习资源进行自主学习后再回到课堂，这时每位学生都带着很多问题，这些问题中有些是大家普遍存在的共性问题，还有一部分则是零散存在的个别问题。对于共性问题，教师可以借助 PPT、电子白板等技术手段进行统一讲解，而对于个别问题，教师可以按照"组内质异、组间质同、优势互补"的原则构建学习互助小组，解决学生的个别问题，教师作为指导者适时进行个性化引导。另外，良好的课堂氛围同样重要，教师可以组织小组辩论赛、交流展示等活动调动学生的学习积极性，当然也可使用"雨课堂""课堂派"等工具中的投票、弹幕等功能拉近与学生的距离。

3. 技术助力课后能力提升

经历了课前自主学习、课堂知识内化，学生的学习就结束了吗？没有。在课堂教学结束后，学生还要根据自身学习情况对所学知识进行再次巩固复习及相关拓展学习。一方面，教师应将课前视频、课堂讲解的 PPT 及拓展学习资源上传到班级群组或网络学习平台中，供学生在课后有针对性地复习和拓展学习；另一方面，对学生学习的评价应遵循"形成性评价为主，总结性评价为辅"的原则，对学生的课前自主学习任务完成情况、小组合作表现、课堂活动参与程度、课后任务拓展情况等方面予以评价，评价的方式可以采取教师评价、组间互评、组内互评、自我评价等，教师结合具体教学内容进行选择，当然市面上的软件工具，包括纸质量表、UMU、雨课堂等，同样能够帮助教师开展教学评价。

❀ **行动研修**

前面我们介绍了什么是翻转课堂、在实际操作中该怎么翻转及如何利用工具来促进翻转的实现，下面我们通过几个实际案例来切身感受翻转课堂的魅力。

一、如何布置自主学习任务？

"凡事豫则立，不豫则废"，农民在种地前要先准备好种子、犁好田地，医生在给患者开药前要先对患者的病情有充足了解，士兵作战要先准备好作战计划、军事物资，新闻节目的主持人在播报新闻前要先熟悉播报内容，学习同样如此。课前预习在整个学习过程中有着不可低估的作用，是学习知识的一个重要环节。在翻转课堂的教学过程中，学生课前不仅仅是观看学习视频那么简单，还需要完成教师布置的学习任务，如习题练习、短文创作、作品完成等。在以往的课堂教学中，教师对课前预习的重视程度较低，像上面提到的这些学习任务并不常见，它们常常是以课后作业的形式布置给学生的。

谭老师是一名初中数学教师，最近她要向学生们教授《平面及其基本性质》这一课。因为这是学生第一次接触几何，所以谭老师希望能够让学生们通过学习对几何感兴趣，以便为后续的几何学习打下基础。于是，谭老师将本次教学目标定为"让学生对几何感兴趣"。为此，谭老师在网站上搜索《平面及其基本性质》的优质教学资源来寻求创作灵感，认真研究后自己制作了5分钟左右的课前学习视频，视频内容包括两大部分："平面及其基本性质的基础知识"及"几何的趣味"，其中"几何的趣味"又从"诗歌与几何"和"校园建筑与几何"两方面展开。学生看完视频后，需要完成一个任务清单，清单设置如图5-6所示。谭老师在完成学习视频和学习清单之后，将学习资源打包通过蓝墨云班课一并发送给学生，供学生课前预习。

任务一：
认真观看视频，先学习"平面及其基本性质的基础知识"，再学习"几何的趣味"，学习视频的时候有不懂的地方可以随时暂停、反复观看，直到你认为自己全部理解了视频的内容。

任务二：
看完"平面及其基本性质的基础知识"部分，回答这几个简单的问题：
①什么叫"点动成线"和"线动成面"？
②平面的三个基本公理是什么？画三个图展示出来。
③三条直线相交于一点，能确定几个平面？可能有几种情况？

任务三：
看完"几何的趣味"部分，回答这几个简单的问题：
①你学过的诗歌里面有哪几句包含了平面及其基本性质？
②学校的建筑上，你觉得哪里包含了平面及其基本性质？
③附加题：你在生活中，还有什么有趣的东西和有趣的故事能与平面及其基本性质有关？分享给我们可以加分哟。

图 5 - 6　《平面及其基本性质》学习清单

学习清单的使用使得学生能够清晰地了解这节课要掌握哪些知识内容、要达到什么程度，整个环节一目了然。学生们只要认真完成清单上的三项任务，课前的自主学习就算完成了。

赵老师是一名有着 10 年教学经验的高中英语教师，多年的教学经验让他拥有一双发现问题的眼睛。英语教学主要的目标是培养学生听、说、读、写、译的全面能力，而在教学中这些模块常常是孤立存在的。因此，赵老师希望能够将教学目标设计得更为立体化，涉及听、说、读、写、译多个方面，于是他做出这样的尝试：赵老师在课前从美剧《老友记》中剪取一段 5 分钟的小视频（内容为日常交际，难度系数不大），视频中没有字幕。此外，他还制作了一份学习清单，如图 5 - 7 所示。在上课前，赵老师将剪好的视频和学习清单一并发到班级微信群中，学生自行下载学习资源压缩包，根据任务清单上的要求完成课前学习任务。

First: 认真看这一段视频，然后第一遍努力听懂大意；
Second: 一句一句地听懂，然后把这些对话写出来；
Third: 写出这些对话后，如果有不懂的生词可以查阅课本或上网搜索；
Fourth: 把对话翻译成汉语，并且熟悉中英文对话内容；
Fifth（附加）：把你的翻译变成配音，准备上课展示。

图 5-7 学习清单

虽然任务很具挑战性，但学生们很愿意完成这项任务，因为之前的学习中从来没有遇到过这种情况。学生们一遍又一遍仔细地看这段视频，先明白大概意思，然后一句一句写下英文，接着将英文翻译成中文，最后为视频配音。在这一过程中，学生们的听、说、读、写、译的能力都得到了锻炼。

在翻转课堂教学中，课前预习工作由学生在课下自主完成，而学习清单是课前自主学习的关键。学习清单包含本节课的教学目标，并将教学目标以具体问题的形式进行展示，给学生学习提供了一定的指导。学生学习清单的完成情况也会作为学习数据及时反馈给教师，教师借此了解学生的预习情况，对预习不足或还没有预习的学生进行提醒，同时可以了解学生的预习问题所在，为教师的后续课堂教学指明方向。

二、如何制作优质的教学视频?

除了上面提到的学习清单，课前学生自主学习阶段最常使用的教学资源就是视频。一个优质的教学视频或许形式多样，内容纷繁复杂，制作的方法也是多种多样，但都有一些共同之处，遵循相同的原则。教师在制作教学视频时应努力把握以下六大原则，方可制作出优质的教学视频。

原则一——吸睛。一个优质的教学视频一定能在短短的几分钟之内抓住学生的眼球，让学生有兴趣继续往下学习。教师可以借助一些学生感兴趣的新闻事件、热点话题作为导入，也可以转变说话的方式，让话语中有更多的趣味性。

原则二——易懂。学生在家学习不比在课堂上学习，注意力更容易分散。

因此，教师制作的学习视频难度要适当，既不能太难，使学生没有信心继续学习，又不能太简单，使学生骄傲自满，不认真学习。

原则三——引导。教学视频应明确给出学习顺序和学习目标，让学生知道要学什么、学到什么程度。另外，还要考虑学生的学习起点问题，将教学内容划分为"基础必学""提高选学""相关推荐"三类，以满足不同学习起点的学生的学习需求。

原则四——提问。问题的设置能够有效地调动学生参与教学过程，对问题进行思考。教师应将知识点涵盖在问题中，从而让学生运用所学知识解决问题。

原则五——逻辑。就像是在读一本书的时候，作者都会写一个目录在前面，这本书有几章、每一章又分为几节……目录的作用就是帮读者梳理这本书的脉络，以便更好地理解这本书。当然，优质的教学视频也应如此，在开始或结束的地方对视频内容进行梳理，这里可以借助 MindMaster 软件绘制思维导图，方便学生更清晰地理解知识点及其之间的逻辑关系。

原则六——精练。优质的教学视频时长不宜过长，对于过长的视频学生看一半可能就没有兴趣继续看下去了。此外，优质的教学视频内容一定紧贴主题，不会出现与教学内容无关的画面。

教师在制作教学视频的时候可以参考以下方式：首先，教师可以通过PPT 录屏、动画的形式讲解知识点。这种形式的视频最为常见，也最好操作。教师可以借助技术手段轻松实现，例如，使用 EV 录屏、PPT 自带的屏幕录制等工具录制视频，使用万彩动画大师、Flash 等工具制作卡通动画……

其次，教师可以在自己的教学过程中穿插已有的教学视频进行讲解，像化学、物理、生物等需要讲解实验操作的学科，教师可提前将实验操作流程完整地记录下来，并将实验操作中的注意点加以标注，如图 5-8 所示，最后完成视频制作。然后将制作好的视频发送给学生，让学生在课前进行学习。这样，学生就可以在课前提前熟悉实验的整个操作流程，在课堂实际操作时则可以省下更多的时间用于深入探究。

图 5 - 8　实验：氧气的实验室制取及性质

资料链接：【化学】实验：氧气的实验室制取及性质
网址：https://v.youku.com/v_show/id_XMjc3MzM2MDA40A==.html

　　此外，有条件的教师还可以借助手写板、平板电脑等设备在讲解的过程中进行绘制。例如，像数学、物理这种经常出现解题的学科，教师可以采用手写板、手绘板、录屏工具等设备将自己手写和讲解的过程完整地记录下来，如图 5 - 9 所示，而不是在讲完整道题之后一次性地将解题过程附上。教师边写边讲、边画边讲，学生的思维一直跟着教师的步调走，就好像自己在解题一样。

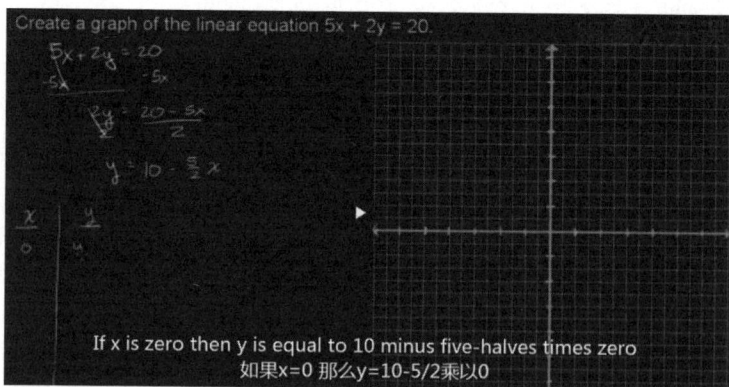

图 5 - 9　画出 x 和 y 之间的关系

资料链接：【教学】画出x和y之间的关系
网址：
http://open.163.com/newview/movie/free?pid=M9AD1TA6B&mid=M
9E03L5BT

三、如何组织课堂学习活动？

课堂教学环节是学生吸收巩固知识的关键环节，与以往的课堂教学不同，翻转课堂的课上学习环节以"问题解决，知识内化"为核心。其中，同伴教学法是翻转课堂学习活动组织过程中常用到一种方法，要求学生检查自己和同伴对内容的理解程度。

王老师是一名高中物理教师，正在讲授牛顿第三定律的内容。教师设置思考题："1920 年，国外一份著名的报纸就戈达德所做的第一个火箭实验发表评论，否定了戈达德关于火箭能在真空中飞行的见解，该评论说：'他不知道作用与反作用的关系，不了解需要有一种比真空更好的东西作为反作用对象。'这就是说，该评论认为戈达德的实验是荒谬的。试用牛顿第三定律重新分析一下，并指出这个评论错在哪里。"看到问题后，学生首先会花几分钟的时间独自组织答案，然后王老师将他们分成学习小组，允许他们在小组内讨论该问题以达成共识。在小组讨论过程中，王老师走下讲台，深入学生小组中为他们提供指导，例如，修正小组中存在的误解。最后，每组选代表进行总结发言，表达小组观点。

学生们常常有这样一种感受——向同学请教问题比向教师请教问题更自在，因此，当教师赋予学生这样的机会时，他们会更加积极地参与。在课堂教学环节使用同伴教学法能够最大限度地减少学生的顾虑，学生放开了，彼此之间的交流讨论也就多了，思想不断碰撞，对问题的思考也变得更加丰满。

翻转课堂为教师开展教学活动提供了新思路，不仅教师做到了班级、学生"两手抓"，还让每位学生成为学习的主人，自定步调进行学习，体现了学习自主性。同时，技术的进步衍生出许多优质的教学平台、课堂交互工具，翻转课堂配合相应技术手段的使用，使教学朝着科学、便捷、高效的方向发展。

第五节　泛在学习：让学习随时随地发生

案例与分析

🍃 案例直击

陈老师今年 30 岁，家里有一个宝贝女儿叫小涵，正在上幼儿园。在一个周末的下午，陈老师和小涵在家一起做游戏，小涵拿出家里的平板电脑，对陈老师说："爸爸，如果你想玩平板电脑，你要说出密码。"陈老师应和着："密码为 123456。"小涵一本正经地说："密码错误，请重新输入密码，你还有三次机会。"这让陈老师十分吃惊，自己从没教过女儿这些，她是怎么学会的呢？仔细一问才知道，原来电视节目里常常这么说，久而久之小涵也就学会了。这件事虽然很小，却让陈老师开始注意小涵的日常行为，小涵每次坐车都会学着大人的样子想要系上安全带，当有小朋友摔倒的时候，她也会学着大人的样子，摸摸摔倒的小朋友的头表示安慰或是抱抱摔倒的小朋友……

🦋 案例诊断

在当今这个充满竞争的社会，人们学习的欲望空前高涨，学生的周末被各类辅导班和兴趣班安排得满满当当，上午学英语，下午学钢琴，晚上学书法；有些人学做菜时恨不得把榜单上 TOP 100 的书全部买回家，鲁菜、川菜、徽菜、湘菜、东北菜等，堪比满汉全席；人们乘坐地铁、公交车时，争分夺秒地刷手机、看新闻，生怕被这个时代所抛弃。

科技的发展为我们的生活带来了无限可能，不管你在哪里，是在学校、家里、单位，还是在公园散步、商场逛街；无论你的职业如何，是公司高管，还是家庭主妇；无论你的年龄如何，是退休老人，还是学龄少年……你都可以随时随地想学就学，这就是泛在学习。因此，教师应打破传统课堂固有的学习边界，实现随时的沟通、无处不在的学习。

理论与应用

◎ 理论导航

南宋理学家朱熹曾写道："无一事而不学，无一时而不学，无一处而不学，成功之路也。"其中就蕴含着他所理解的成功之道，即每件事情、每个时刻、每个地方都要学习。我们不难发现，朱熹所说的"成功之路"，就是我们今天提到的泛在学习。

一、何为"泛在学习"？

所谓泛在学习（U-Learning），又称为"无缝学习""普适学习"，本质上就是指随时随地地进行交流与学习，是一种任何人可以在任何地方、任何时刻获取所需的任何信息的方式。例如，你想查看家中的 Wi-Fi 是否被人蹭网，在手机上打开浏览器，输入问题，即可获取操作步骤，如果看不懂还可以查看相应的视频操作教程；在下班回家的地铁上，你打开手机微博，查看今天国内外发生的大事件；学生坐在公交车上听手机里面播放的英文听力材料；新型冠状病毒肺炎疫情期间开展"停课不停学"活动，学生们结合自身情况，在多样化的时空中，借助多样化的设备，以多样化的方式开展学习，实现更有效的"以学生为中心"的学习。

二、我就是我，"泛在学习"是不一样的烟火

了解了何为"泛在学习"，接下来我们一起来看泛在学习都有哪些独特之处。

泛在学习的独特之处首先表现在"时间的任意性"上。在以往的学习中，学生往往被要求在固定的时间、固定的教室由固定的教师指导进行学习，如果学生身体不适导致缺课，后期只能由学生本人自学或教师一对一辅导弥补；相比之下，泛在学习给予学生时间上的自由，学生可以自行安排学习时间，

上午学习、中午学习、下午学习、晚上学习都可以，学习的时长同样具有弹性，短到几分钟，长达几小时。

其次是学习资源的多样性，在以往的课堂教学中，教学资料常常是由教师在课前整理归纳好的，内容形式较为单一，并不能很好地满足学生不同的学习需要。在泛在学习环境中，学生可以借助互联网获取文字、图片、音频、视频、动画等多种形式的学习资源。例如，《飞碟说》就是一个知识新媒体视频栏目，以"知识从未如此性感"为理念，以轻松幽默的口吻对当前社会中的一些热点问题加以阐述，像《毕业旅行》《老干妈：中国最火辣的女人》《新一代创业者联盟》《手机进化史》等一系列节目备受好评。

再次是空间上的自由性，学习者不管在哪里，是在严肃的课堂上还是在舒适的家中，或是在移动的火车、公交车、地铁上，只要想学习，打开手机连上网络就能学习。

最后是人才培养上的个性化。在面向全体学生的传统式教学中，教师以整体为单位，采取统一的方式，以统一的速度教授统一的内容，这样的教学很容易造成学生的"两极分化"。秉承"个性化发展"的思想，泛在学习利用丰富的互联网资源为学生提供有针对性的教学，让基础差的学生能跟上进度，让基础好的学生能够有所拓展，满足了不同水平的学生的学习需求。

三、面对挑战，教师该做何打算

在泛在学习环境中，任何一个学生都可以在不同的时间、地点使用不同的设备进行学习，这种高度智能化和无限开放化的教育大环境对教师提出了前所未有的挑战。面对这样的挑战，教师应如何把握自己在其中的角色定位呢？

首先是学习资源泛在化所带来的挑战。在海量数据时代，在百度上随便检索一个关键词，就会出来无数条与之相关的信息，而这些信息质量良莠不齐，有的说得对，有的就是错误的解释。由于学生自身经历、学识还不够，信息辨别能力仍然欠缺，很难辨别这些学习资源的好与坏。在既要保证学习资源的信效度，又要为每位学生提供个性化学习资源的情况下，教师作为学习资源的规划者，应按照"收集合适的学习资源""整合碎片化的学习资源""划分学习资源层次"的三步走原则，对学习资源进行规划。第一步，教师根据学生的学习情况，在较为正规的学习资源平台上有针对性地收集学习资源，例如，国家中小学网络云平台、有道精品课等；第二步，教师将收集到的零散学习资源按照彼此之间的逻辑关系进行次序结构上的再整合，这样学生学到的知识是串在一起的，而不是零散分布的；第三步，教师要根据学生的学习水平，为不同层次的学生提供适合他们的学习资源，让所有层级水平的学生都能听懂、学懂，且不觉得枯燥。此外，教师还可为学生推荐权威的学习资源获取网站和平台，使学生更加自由地进行自主学习。

其次是学习时空泛在化所带来的挑战。以往的教学是将学生集中在一起，在统一的时间、统一的场所开展的，这样的方式虽然不那么便捷，但学生可以感受到浓厚的学习氛围，与伙伴一起学习，泛在学习很难做到这一点。在泛在学习环境中，学生身边没有教师监督，也没有学习伙伴共勉，完全依靠自主性，这对学生来说很难。因此，教师需要组织活动，按照"活动设计""活动实施""活动评价"的三步走原则，来调动学生学习的积极性和主动性。第一步，教师在设计活动的时候要明确以下几个问题："学生的基本情况如何？""活动何时开展？""目标是什么？""以何种形式开展活动？"第二步，教师在活动实施的过程中，需要对活动环节的开展进行掌控，以及时发现其中存在的问题，并做出调整。第三步，在活动结束后，教师需要对活动中学生的参与度、学习情况等内容进行评价，方式包括形成性评价和总结性评价。另外，教师还需要收集学生参与活动的感受和对活动的评价，据此对活动进行完善，同时为日后的活动开展提供参考意见。

最后是学习方式泛在化所带来的挑战。在泛在学习环境中，学生可以选择自己喜欢的方式随时随地想学就学，但这并不等于自由散漫甚至可以不学，必要的评价与考核还是不可缺少的，它是检验学生学习效果的重要渠道。在以往的课堂教学活动中，教师主要依靠课堂小测、课后作业、阶段考试来检验学生的学习效果，除此之外，还可能涉及学生自评、生生互评的评价方式。教师同样可以在泛在学习环境中参考上述评价考核方式，但需要注意以下几点：第一，评价方式的选择；第二，评价标准的制定；第三，评价过程的关注。

❀ 行动研修

作为一种新型的学习理论体系，泛在学习的实现需要数字化技术环境、数字化学习资源、复合教学模式和灵活学习支持服务等多方面资源的支撑。从学习模式上看，泛在学习包含"正式课程学习""非正式资源学习"和"准正式主题学习"三类，具体内容如表 5 - 3 所示：

表 5 - 3　泛在学习分类

分类	学习资源	学习资源的来源	学习者与知识传授者的关系
正式课程学习	教科书、教师板书等学习资源	国家、省市或学校统一安排	密不可分
非正式资源学习	数字化学习资源	学生自行选择	不受任何外界因素的影响
准正式主题学习	介于"正式课程学习"与"非正式资源学习"之间	国家、省市或学校统一安排 学生自行选择	学习目标、行为、过程、资源等受到制约

一、正式课程学习

正式课程学习是我们在日常教学中最常见的也是最为正规的学习方式，由教师、学生、教学内容构成，教师根据教学大纲要求在课前"准备教材、准备教法、准备教具、准备习题"，在课中"组织教学、复习提问、导入新课、学习新课、课堂小结、布置作业"，在课后结合学生学习情况和反馈对教学进度和教学方法进行调整；学生则在教师的带领下学习新知、参与活动、接受测评、提供反馈。在正式课程学习中，教师作为学生学习路上的引导者，为学生提供系统完备的学习资源。

在教育的创新发展过程中，微课凭借其短小精悍、资源丰富、使用便捷、实时动态特征明显等优势，获得了师生们的青睐。在泛在学习环境中，微课已成为教师开展教学工作的得力助手，教师根据学生实际的理解能力与认知水平，利用微课呈现碎片化学习内容、学习过程，以及扩展素材的结构化数字资源，激发学生的创新意识，强化学生的综合能力。学生主动配合教师参与实践活动，积极思考相关问题，掌握更多学习方法，在课堂上发挥出更大的主体作用，突破自我，挑战自我，养成端正的学习态度和良好的学习习惯。

小学三年级英语教师周老师结合英语课文《Animals》的内容制作课前预习微课视频，内容主要是学习"bear、rabbit、monkey"三个动物单词。周老师创建的微课学习视频围绕"参观动物园"的故事情境展开，全长 6 分 30 秒，大致可分为四大部分，如表 5-4 所示。

表 5-4　《Animals》微课视频

环节	具体内容	时长
回顾复习	教师首先回顾上节课所学的动物单词"panda、elephant、tiger"	1 分
引入新知	在此基础上学习今天的新单词"bear、rabbit、monkey"，通过"图片＋声音"的形式进行教学	1 分
"动物园"情境学习	两名学生和小鳄鱼一同参观动物园，在这里他们遇到了熊、兔子和猴子三种动物，通过"What are these?""What are those?""They are…"的一问一答形式再次巩固新单词"bear、rabbit、monkey"	1 分 30 秒
歌曲演唱	通过欢快的旋律再次对所学单词进行巩固	1 分 45 秒
相关练习	教师设置"连一连，读一读""看影子猜动物"等活动，对本节课和上节课所学知识进行练习巩固，方便学生检查自己的自学状况	1 分 15 秒

资料链接：英语《Animals》微课片段
网址：https://v.youku.com/v_show/id_XMjcxNTA3MTU5Mg==.html

二、非正式资源学习

所谓的"非正式资源学习"也就是我们在平时的生活中基于数字化资源

开展的学习活动，这种学习活动随意性较强，在时间、空间及内容上都没有明确的规定。这样的学习既可以利用日常的闲暇时间，又可以存在于工作学习中。在非正式资源学习中，学习者按照自己的学习需求查阅书籍资料，利用收集好的资源进行学习。如果这些学习资源并不能很好地满足学习者的学习需求，学习者还可以在互联网上检索、筛选资料以获取更合适的学习资源。通过非正式资源学习，学习者进行思考、分析、总结后，得出问题的答案或是形成生成性的共享资源。由于不同学习者的学习需求不同，与之匹配的学习资源也就不同，但大体可以概括为文本、图片、视频、课件等几种类型的学习资源。

张同学平日除了上课，还喜欢在课余时间拍摄风景或人物。一天晚上，她正在用 Photoshop 进行人物图像处理，突然觉得人物的背景不是很恰当，于是想要给人物换个背景，但在人物抠像上遇到了问题，她想知道如何为照片中的人物更换背景。这时，她随手打开了百度网站，输入关键字"人物抠像"，检索到了很多关于人物抠像的教程。她随便点开了一个教程，跟着操作起来，但教程看到一半她就发现这个教程中的 Photoshop 版本和自己电脑上的不太一样，有很多操作工具都找不到，于是她在搜索栏中又加了一个关键词"Photoshop CC 2018"，再次进行检索。这次的检索结果比上次好了很多，张同学不一会儿就学会了。

让我们回过头来，再次审视整个过程。张同学在用 Photoshop 进行图像处理时遇到问题，产生学习需求，上网查找合适的学习资源，包括文字和视频教程，利用学习资源进行学习。由于资源不能满足自己的需要，她通过添加关键词的方法重新查找更精确、更合适的学习资源。

除了像张同学这种带有强烈目的的学习，学习者在日常生活中还经常会发生一些不带有强烈目的的学习，或许是你与好友的一次不经意的谈话，或许是一条普通到不能再普通的微博新闻，又或许是一次户外旅行……

三、准正式主题学习

正式课程学习结构规范但受时空的限制，非正式资源学习自由有个性但零散碎片化，二者各有各的优点和局限性。准正式主题学习则介于二者之间，形成一种准正式的学习模式。准正式主题学习有两个关键词，分别是"准正式"和"主题学习"。首先来看何为主题学习。主题学习（Theme-Based Learning）是指学生围绕某一主题进行的学习，例如，在高中地理教学中，教师将"自然界中的水循环""大规模的海水运动"和"水资源的合理利用"等教学内容整合成一个学习主题——"地球上的水"。在进行主题教学时围绕"水"这个核心词展开，内容涉及水的三种状态、水体运动及水资源对我们生活的环境的影响，然后结合我国的水资源状况，辩证论述水资源与人类之间的联系和相互作用，最后呼吁要合理使用水资源。另外，之所以将主题学习称为准正式，是因为这类主题学习一般由专业的教育机构或者经验丰富的教师对主题项目进行设计，创造泛在化的学习环境，制作泛在化学习资源，并且学习者在学习过程中的学习目标、学习资源、学习行为都会受到教师的一定约束。除此之外，学习者结合自己的学习需要选择合适的主题进行学习，就像家长给孩子报辅导班一样，市面上有各种各样的辅导机构，家长根据离家距离、所教学科、价位等因素，选择最适合自家孩子的辅导机构。

准正式主题学习常常发生在机构教育中，包括新东方英语培训、学而思网校等教育辅导机构，例如，小郑同学暑假时参加了学而思网校的英语暑假班，在巩固五年级所学知识的基础上预习六年级的知识。再例如，当你想学Python编程语言的时候，只需要打开网页检索"Python编程语言"就可以查找到相关的网络课程，有免费的，也有付费的，学习者足不出户即可学到想学的知识，而且不需要考虑时间的问题。

借鉴网课"泛在学习资源＋泛在学习环境＋专题教学"的思想，处于基础教育阶段的各位教师同样可以将准正式主题学习应用于日常教学中。我们还是以上面提到的"地球上的水"主题地理教学为例，地理教师开展了为期6周的"地球上的水"主题探究学习活动，具体包括"水循环"篇、"海水运动"篇和"水资源利用"篇三个小专题："水循环"篇主要介绍水循环的三大类型及过程，"海水运动"篇主要介绍洋流的形成原因及分布规律，"水资源利用"篇则更贴近我们的日常生活，通过数据了解我国水资源分布状况及如何促进水资源的充分利用。在"水循环"篇中，教师在课前使用语雀（第四章中提到过）创建学习专题"自然界中的水循环"并上传课上学习资源，学生上课期间配合教师的讲解初步了解水循环的三大类型及其循环过程，然后分小组完成学习任务"制作水循环海报并联系实际举例说明人类活动对水循环产生的影响"。在课堂上小组针对任务展开研讨，有的人上网查资料，有的人在认真研究课本上的资料，还有的人在做记录……小组成员通过不同的渠道获取信息，不同的小组采用不一样的方式进行探究。除此之外，由于课堂的学习时间有限，教师还将任务延续到课下，鼓励各小组在课下继续探索，在第二周的课上再进行分享交流。在课下，学生们回到家中，借助语雀平台进行小组活动跟进，利用石墨文档协作撰写文稿资料，利用微信、QQ 等社交软件进行交流讨论，合作完成教师布置的任务，在第二周的课上进行分享交流。

泛在学习改变了人们对学习的理解，旨在实现学习地点的泛在化、学习时间的泛在化、学习资源的泛在化、学习需求的泛在化……此外，技术手段的介入为泛在学习提供了有力支撑，使得任何学习者都可以在任何时间、任何地点使用任何设备进行学习。

信息技术手段在教育教学领域的应用，更大程度地促进了教师利用信息技术创新教与学方式。本章介绍了技术支持下的情境学习、基于网络的项目式学习、翻转课堂和泛在学习四种教与学方式，旨在为广大教师提供教学灵感。当然，借助信息技术手段创新教与学方式并非一蹴而就，这需要教师们在教学工作中不断地探索、领悟。

参 考 文 献

[1] 王晓波. 迈向教师与人工智能协作的未来教育时代 [J]. 中小学信息技术教育, 2018 (01): 10—12.

[2] 习近平: 在中国科学院第十九次院士大会、中国工程院第十四次院士大会上的讲话 [EB/OL]. [2019-06-07]. http: // www. xinhuanet. com/2018-05/28/c _ 1122901308. htm.

[3] 第 45 次中国互联网络发展状况统计报告 [R/OL]. (2020-04-28) [2020-05-01]. http: // www. cnnic. net. cn/hlwfzyj/hlwxzbg/hlwtjbg/202004/P020200428596599037028. pdf.

[4] 韩丽风, 王茜, 李津, 等. 高等教育信息素养框架 [J]. 大学图书馆学报, 2015 (06): 118—126.

[5] 方向, 盛群力. 学会在信息海洋中遨游: "爱学习模型"的实施阶段 [J]. 数字教育, 2015, 1 (01): 16—22.

[6] 蔡其勇. 基础教育课程改革与教师信息素养的培养 [J]. 课程·教材·教法, 2006 (07): 79—82.

[7] 王轶, 石纬林, 崔艳辉. "互联网＋"时代青年教师信息素养研究 [J]. 中国电化教育, 2017 (03): 109—114.

[8] 林聪. "互联网＋"背景下的高校教师信息素养及构成 [J]. 黑龙江高教研究, 2016 (08): 54—56.

[9] 吴砥, 周驰, 陈敏. "互联网＋"时代教师信息素养评价研究 [J]. 中国电化教育, 2020 (01): 56—63, 108.

[10] 百度百科. 马斯洛需求层次理论 [EB/OL]. https: // baike. baidu. com/item/马斯洛需求层次理论/11036498? fr＝aladdin.

[11] 百度百科. 信息搜寻等级 [EB/OL]. https: // baike. baidu. com/item/信息搜寻等级/19439771? fr＝aladdin.

[12] 百度知道. 信息检索分类 [EB/OL]. https: // zhidao. baidu. com/

question/126538217. html.

[13] 花芳. 文献检索与利用 [M]. 北京：清华大学出版社，2009.

[14] 百度百科. 网络信息检索工具 [EB/OL]. https：// baike. baidu. com/item/网络信息检索工具/12747146？fr＝aladdin.

[15] 谷琦. 网络信息资源组织管理与利用 [M]. 北京：科学出版社，2008.

[16] 依米娜·克里木. 浅谈网络信息检索的现状及其发展趋势 [J]. 电子世界，2013 (16)：15.

[17] 何克抗. 关于中国特色教育技术的自主创新 [J]. 现代远距离教育，2011 (01)：12—20.

[18] 邵斌. 校级资源库建设的几个方面 [J]. 南京师大学报（自然科学版），2002.

[19] 万力勇. 数字化学习资源质量评价研究 [J]. 现代教育技术，2013，23 (01)：45—49.

[20] 吉喆. 打开互联网教学资源之门：网络时代教师必备 ICT 技能之信息检索篇 [J]. 信息技术教育，2007 (02)：55—59.

[21] 朱红忠. 信息化教学资源的开发与应用探索 [J]. 职教通讯，2013 (12)：73—74，80.

[22] 刘向永. 翻转课堂实操指南 [M]. 长春：东北师范大学出版社，2016.

[23] 闫宏秀. "信息疫情"的数据伦理学应对 [EB/OL]. http：// ma. sjtu. edu. cn/theory/view/747.

[24] MBA 智库. 信息泛滥 [EB/OL]. https：// wiki. mbalib. com/ wiki/信息泛滥.

[25] 许莹莹. 信息危机成因及对策分析 [J]. 农业图书情报学刊，2009 (02).

[26] 王奕. 基于认知负荷理论的高中英语写作教学研究 [D]. 上海师范大学.

[27] 百度百科. 认知负荷理论 [EB/OL]. https：// baike. baidu. com/

item/认知负荷理论/6650032？fr＝aladdin．

[28] 张维民，蒲平．浅析信息泛滥下的媒介选择 [J]．新闻世界，2009 (05)：60—61．

[29] 谈鹤玲．试论信息泛滥 [J]．现代情报，2001 (01)：30，36．

[30] 简书．专注：如何应对信息泛滥的当下 [EB/OL]．https：//www. zybuluo. com/jianshu/note/136288．

[31] 维基百科．棱镜计划 [EB/OL]．https：// zh. wikipedia. org/ wiki/%E7%A8%9C%E9%8F%A1%E8%A8%88%E7%95%AB．

[32] WananCry 爆发两周年会有下一个"网红级勒索病毒"出现吗？ [EB/OL]．https：//zhuanlan. zhihu. com/p/65353388．

[33] 新华网．大数据时代的个人信息保护探析 [EB/OL]．[2019-09-19]． http：//www. xinhuanet. com/info/2019-09/19/c＿138403840. htm．

[34] 孙汉群．教育信息化与教师信息素养 [J]．中国教育信息化，2011 (12)：13—17．

[35] 范渊．数字经济时代的智慧城市与信息安全 [M]．北京：电子工业 出版社，2019．

[36] 李孟刚．国家信息安全问题研究 [M]．北京：社会科学文献出版 社，2012．

[37] 光明日报．大数据时代，如何保障个人信息安全 [N/OL]．[2017- 11-30]．http：//www.xinhuanet.com/tech/2017-11/30/c_1122032698.htm．

[38] 华鑫证券．关注您身边网络信息安全，远离网络陷阱 [EB/OL]． https：//mp. weixin. qq. com/s/0WFaN1pmI2FtPCEXjtoXXw．

[39] 你了解网络信息安全吗？ [EB/OL]．https：// mp. weixin. qq. com/s/yjVic—KzX7JHC6Le9MXLtQ．

[40] 中华人民共和国国务院新闻办公室.《中国学生发展核心素养》发布 [EB/OL]．http：// www. scio. gov. cn/zhzc/8/4/Document/1491185/ 1491185. htm．

[41] 肖红艳，张小莉．信息化社会教师的信息素养 [J]．中国远程教育， 2003 (05)：40—42．

［42］陈维维，李艺. 信息素养的内涵、层次及培养［J］. 电化教育研究，2002（11）.

［43］吴岚. 知识经济时代与教师的信息素质［J］. 电化教育研究，2001（01）：7—10.

［44］张厚生. 信息素养［M］. 南京：东南大学出版社，2007.

［45］孙汉群. 教育信息化与教师信息素养［J］. 中国教育信息化，2011（12）：13—17.

［46］解敏，衰克定. 信息意识概念的新构想与实证［J］. 现代远程教育研究，2012（05）：51—56.

［47］魏华，陈献兰. 论如何培养大学生的信息意识和信息能力［J］. 高教论坛，2008（05）：123—126.

［48］张倩苇. 信息素养与信息素养教育［J］. 电化教育研究，2001（02）：9—14.

［49］百度文库. 网络信息筛选［EB/OL］. https：// wenku. baidu. com/view/f2f445dba31614791711cc7931b765ce04087ac2. html.

［50］知乎. 信息爆炸时代该如何筛选信息［EB/OL］. https：// www. zhihu. com/question/52287079/answer/509390879.

［51］知乎. 怎样合理筛选身边泛滥的信息［EB/OL］. https：// www. zhihu. com/question/21549377? sort＝created.

［52］卢小宾，郭亚军. 信息分析理论与实践［M］. 北京：清华大学出版社，2013.

［53］安德鲁·基恩. 网民的狂欢：关于互联网弊端的反思［M］. 丁德良，译. 三亚：海南出版公司，2010.

［54］陈功. 信息分析的核心［M］. 北京：新星出版社，2010.

［55］卢泰宏. 信息分析［M］. 广州：中山大学出版社，1998.

［56］王伟军，蔡国沛. 信息分析方法与应用［M］. 北京：清华大学出版社，2010.

［57］丁建琴. 信息分析方法体系的构建［J］. 情报探索，2011（07）.

［58］李琦，陈少强. 走进信息可视化［J］. 中国计算机用户，2003（23）.

［59］百度百科. 信息整合能力［EB/OL］. https：//baike. baidu. com/item/信息整合能力/12741817.

［60］孙志茹. 基于信息构建的网络信息组织与信息表达［D］. 黑龙江大学，2006.

［61］周晓英. 基于信息理解的信息构建［M］. 北京：中国人民大学出版社，2005：98.

［62］邓敏杰，李占伟，张豪锋. 运用思维导图优化小学作文教学的实践［J］. 中国电化教育，2012（03）：90—94.

［63］马梦荣，雍进军，张加林，杨干. 网络画板在中学数学教学中的应用［J］. 贵州师范学院学报，2018，34（12）：80—84.

［64］骆明妍，郭烁，陈淳. 利用 MG 动画制作生动有效的地理微课：以"台风知多少"为例［J］. 中学地理教学参考，2019（13）：54—57.

［65］张义兵，陈伯栋，Marlene Scardamalia，Carl Bereiter. 从浅层建构走向深层建构：知识建构理论的发展及其在中国的应用分析［J］. 电化教育研究，2012，33（09）：5—12.

［66］穆肃，陈思，布莱恩·贝迪. 创新、相互依存与公平参与：在线学习知识建构过程分析［J］. 开放教育研究，2015，21（01）：17—33.

［67］宋佩玲，张雪虹，柯德森. 基于支架式教学的生物课教学设计：以"生物对环境的影响"为例［J］. 科教文汇，2020（02）：155—156.

［68］万力勇，黄志芳，黄焕. 大数据驱动的精准教学：操作框架与实施路径［J］. 现代教育技术，2019，29（01）：31—37.

［69］陈明选，耿楠. 测评大数据支持下的有效教学研究［J］. 远程教育杂志，2019，37（03）：95—102.

［70］梁峰丽. "极课大数据"在高中化学教学中的有效应用［J］. 化学教与学，2015（09）：20—21，43.

［71］徐飞雷，徐倩. 基于极课大数据的初中数学复习课教学研究：以"函数专题复习课"为例［J］. 新课程研究，2019（12）：39—42.

［72］周良根. 极课大数据在高中物理精准教学中的应用［J］. 新课程研究（上旬刊），2019（03）：33—35.

［73］管小庆，桑芝芳. 基于极课大数据下的物理学情诊断和教学优化策略［J］. 物理教师，2016，37（12）：70—73，78.

［74］黄澄辉. 基于极课大数据的初中科学试卷讲评课实践［J］. 新课程研究，2019（21）：37—40.

［75］徐学福. 探究学习的内涵辨析［J］. 教育科学，2002（03）：33—36.

［76］韦志成. 语文教学情境论［M］，南宁：广西教育出版社，1996：24—25.

［77］崔允漷，王中男. 学习如何发生：情境学习理论的诠释［J］. 教育科学研究，2012（07）：28—32.

［78］贾义敏，詹春青. 情境学习：一种新的学习范式［J］. 开放教育研究，2011，17（05）：29—39.

［79］郭华. 项目学习的教育学意义［J］. 教育科学研究，2018（01）：25—31.

［80］刘梦莲. 基于问题式学习（PBL）的设计［J］. 现代远程教育研究，2003（01）：39—43，64.

［81］赵楠，裴新宁. 问题式学习和项目式学习［J］. 上海教育，2019（07）：72—74.

［82］胡祖奎，张渝江. 项目式学习的要素和技术支撑［J］. 中小学信息技术教育，2017（04）：13—15.

［83］胡舟涛. 英语项目式教学的探索与实践［J］. 教育探索，2008（02）：70—71.

［84］唐雅慧. 网络环境中项目式学习评价指标体系研究［D］. 重庆：西南大学，2013.

［85］宋艳玲，孟昭鹏，闫雅娟. 从认知负荷视角探究翻转课堂：兼及翻转课堂的典型模式分析［J］. 远程教育杂志，2014，32（01）：105—112.

［86］张跃国，李敬川. "三四五六"：翻转课堂的操作实务［J］. 中小学信息技术教育，2012（11）：82—83.